本报告由中国社会科学院法学研究所

法治指数创新工程项目组及法治国情调研室联合推出

国家智库报告 2016（4）
National Think Tank
法治指数与法治国情

中国高等教育透明度指数报告（2015）

张起　田禾　吕艳滨　著

ANNUAL REPORT ON THE TRANSPARENCY OF HIGHER EDUCATION IN CHINA 2015

中国社会科学出版社

图书在版编目(CIP)数据

中国高等教育透明度指数报告. 2015 / 张起，田禾，吕艳滨著. —北京：中国社会科学出版社，2016. 2

（国家智库报告）

ISBN 978 - 7 - 5161 - 7620 - 7

Ⅰ. ①中… Ⅱ. ①张…②田…③吕… Ⅲ. ①高等教育—研究报告—中国—2015 Ⅳ. ①G649. 2

中国版本图书馆 CIP 数据核字（2016）第 029357 号

出 版 人 赵剑英
责任编辑 王 茵
特约编辑 王 琪
责任校对 邓雨婷
责任印制 李寡寡

出 版 中国社会科学出版社
社 址 北京鼓楼西大街甲 158 号
邮 编 100720
网 址 http://www.csspw.cn
发 行 部 010 - 84083685
门 市 部 010 - 84029450
经 销 新华书店及其他书店

印刷装订 北京君升印刷有限公司
版 次 2016 年 2 月第 1 版
印 次 2016 年 2 月第 1 次印刷

开 本 787 × 1092 1/16
印 张 8
插 页 2
字 数 68 千字
定 价 30.00 元

凡购买中国社会科学出版社图书，如有质量问题请与本社营销中心联系调换
电话：010 - 84083683

项目组负责人： 田　禾　中国社会科学院法学研究所研究员，国家法治指数研究中心主任

项 目 组 成 员： 吕艳滨　张　起　王小梅　栗燕杰　徐　斌　刘雁鹏　赵千羚　刘　迪　杨　芹　曹雅楠　马小芳　赵　凡　许　倩　周　震　宁　妍　徐　蕾　刘永利　宋君杰　张轶男　李　蔚 等

执　　笔　　人： 张　起　中国社会科学院美国研究所博士后研究人员

田　禾　中国社会科学院法学研究所研究员

吕艳滨　中国社会科学院法学研究所研究员

国家法治指数研究中心官方微信： 法治指数（LAWINDEX）

技术支持： 北京蓝太平洋科技股份有限公司

摘要： 本报告在完善2014年高等教育透明度指数指标体系的基础上，根据《高等学校信息公开办法》《教育部关于公布〈高等学校信息公开事项清单〉的通知》等规定，选取115所高等学校，通过观察其门户网站、实际验证等方法，对其公开基本信息、招考信息、财务信息、管理与教学信息、人事师资信息及信息公开专栏建设情况等内容，进行了调研和测评。测评结果显示，2015年高等学校信息公开工作在本科特殊类型招考和硕士研究生复试招考等方面较2014年有显著进步，但是部分高等学校在信息公开平台建设上步伐缓慢并且信息发布不及时的问题突出。因此，高等学校今后的信息公开工作应重在提高信息公开的规范化、信息公开的及时性、完善信息公开平台的信息整合机制等。

关键词： 教育透明度　高等学校　网站　信息公开指数

Abstract: The report which is based on the improvement of the 2014 index system of higher education transparency, in accordance with *The Measures for the Information Disclosure of Institutions of Higher Learning* and *The Catalogue of Information Subject to Disclosure by Institutions of Higher Learning*, both of which promulgated by the Ministry of Education, selected 115 universities and conducted the investigation and assessment of information disclosure of these universities by visiting web portals of the universities and carrying out the field verification. What the above investigation and assessment focused on is the general information of universities and information on entrance examination, financial management, management and teaching, personnel management and faculties, information publicity column. The results of assessment shows that the transparency of higher education about the special entrance examination and the re-examination of postgraduate entrance examination in 2015 have made significant progresses, compared to the relevant results in 2014. However, some universities improved the construction of information public platform slowly and failed to timely disclose the information. Therefore, the work of information disclosure of universities in the future should focus on improving disclosure standardization and timeliness of the disclosure and perfecting the information integration mechanism of the disclosure platform, etc..

Keywords: educational transparency, institutions of higher learning, websites, disclosure of information, index

目　录

《中国高等教育透明度指数报告（2015）》是在2014年度高等教育透明度测评指数体系（以下简称“2014年测评”）的基础上，对包括教育部直属高校在内的全国115所高等学校通过自身门户网站公开学校信息，落实《高等学校信息公开办法》《教育部关于公布〈高等学校信息公开事项清单〉的通知》以及《教育部办公厅关于进一步落实高校信息公开清单　做好高校信息公开年度报告工作的通知》的情况，进行了系统的调研和测评。本报告是对此次测评情况的总结分析，即归纳2015年度高校信息公开的亮点和存在的问题，并且在剖析问题背后深层诱因的基础上提出对策建议。

一 测评意义

为公民提供高水平的高等教育是国家履行教育公共职能的重要体现。而作为具体承载这一公共教育职能的高等学校，是依照《高等教育法》等法律法规设立的符合国家高等教育发展规划，符合国家利益和社会公共利益，为公民提供高等教育等服务且不以营利为目的的教育机构。优质的高等教育不但可以提升国民素质、为社会培养高素质人才，而且是提升国家综合实力的根本之道。因此，作为高等教育的提供者，高等学校具有公共性和服务性：一是公立高等学校由国家举办并依靠财政经费运营；二是高等学校的校长、副校长也必须按照国家相关人事规定任免，以保证高等教育的公共产品属性。正是基于高等学校的公共属性，《中华人民共和国教育法》（以下简称《教育法》）第 29 条第 6 款规定，学校及其他教育机构应当依法接受监督。《中华人民共和国政府信息公开条例》（以下简称《政府信息公开条例》）第 37 条中明确规定，教育等与人民群众利益密切相关的公共企事业单位在提供社会公共服务过程中制作、获取的信息的公开，应当参照该条例执行。同时，如果认定学位授予属于《教育法》授权行为，那么高等学校授予学位的相关行为还应适用《政府信息公开条例》第36条之规定。[①] 因此，高等学校对社会公开相关信息，不但是满足社会公众知情权的需要，而且是其应尽的义务。

进而言之，相较于社会公众可直接获取的信息而言，高等学校所掌握的线上公共教育资源以及丰富的办学、招考录取、专业师资、就业质量和奖助收费等信息，是教育信息公开的重要组成部分。对于公众而言，高等学校向社会开放的教育信息要求具有信息获取的时效性。可想而知，如果高等学校主动公开信息做得不够，同时依申请公开又流于形式的话，那么社会公众就很难找到有效的替代途径而获得“一手教育信息”。

此外，信息公开程度也是反映高等学校管理水平和依法治校水平的重要指标之一。公开高等学校信息可以增强其办学和管理透明度，保障公众、学生、教职员工合法权益，监督高等学校依法治校。推进开展高等学校信息公开工作也是教育行政管理部门创新高等学校管理

① 《政府信息公开条例》第36条规定：“法律、法规授权的具有管理公共事务职能的组织公开政府信息的活动，适用本条例。”

理念与管理方法、提升管理水平、促进高等学校依法治校的重要手段。因此，虽然高等学校的信息公开水平并不能直接反映其教学科研水平，但信息公开做得好，必然会对其管理水平和科研水平起到积极的促进作用。

值得强调的是，国务院在2015年11月印发《统筹推进世界一流大学和一流学科建设总体方案的通知》（国发〔2015〕64号），提出统筹推进世界一流大学和一流学科建设，实现中国从高等教育大国到高等教育强国的历史性跨越的战略部署。推进中国高等学校的信息公开建设工作，正是这一战略部署的题中应有之义。高等学校的信息公开建设，将促进中国高等学校规章制度建设的规范化和公开程度，从而提高其综合管理水平。并且，高等学校透明度的提高，也将促进中国高等学校与国际一流大学建设管理水平的接轨，这无疑会推动中国实现建设世界一流大学和一流学科的目标。

实际上，教育部早在2010年就发布了《高等学校信息公开办法》（教育部令第29号），对高等学校公开信息的范围、方式、方法等做了规定。并且，教育部在2014年又发布了《教育部关于公布〈高等学校信息公开事项清单〉的通知》（教办函〔2014〕23号），梳理了法律、法规、规章中有关高等学校信息公开的规定，以清单的形式明确了公开的范围和标准，尤其是提出引入第三方对教育部直属高校的相关工作落实情况开展评估，适时组织督查，并将评估和督查情况向社会公开。

《中共中央关于全面深化改革若干重大问题的决定》中也提出，要建立科学的法治建设指标体系和考核标准。因此，引入第三方评估已经成为各级政府部门创新管理方式的重要手段。对高等学校落实法律、法规、规章等相关信息公开要求的情况进行评价，也需要引入第三方评估机制，避免高等学校管理者主导评价、高等学校自我评价以及高等教育系统“小圈子评价”的诸多弊端。只有这样，才能站在客观的立场上，对高等学校信息公开的管理工作和高等学校落实信息公开规定的情况做出客观准确的把握和评价。

二　测评对象、指标及方法

（一）测评对象

本报告以 75 所教育部直属院校、112 所“211”工程高等学校、39 所“985”工程高等学校为测评对象。以上三类高等学校存在着交叉重复，有的高等学校分别属于其中的两类或三类。需强调的是，其中有三所高校分为两个校区并实行两地独立办学模式：中国石油大学分为华东校区和北京校区，中国地质大学分为北京校区和武汉校区，中国矿业大学分为北京校区和徐州校区，它们两个校区各自的门户网站也分别具有独立的 IP 地址，而华北电力大学的北京校区和保定校区虽然实行一体化管理，但保定校区具有相对独立的网址和招生计划，项目组对上述不同校区的高等学校分别进行测评，因此实际测评对象为 115 所高等学校。

（二）测评指标

1. 指标设计原则

项目组设计的测评指标体系遵循依法、客观中立、重点突出三大原则。

（1） 依法原则

2015年度的测评指标依据《高等学校信息公开办法》《教育部关于公布〈高等学校信息公开事项清单〉的通知》《教育部办公厅关于进一步落实高校信息公开清单　做好高校信息公开年度报告工作的通知》和其他涉及高等学校信息公开的法律法规及规范文件，每项指标的测评内容均有对应的法律法规依据。

（2） 客观中立原则

测评指标以“事实判断”为圭臬，对所有测评对象一视同仁。在测评过程中，项目组按照《高等学校信息公开事项清单》（以下简称《清单》）的内容，对测评对象的信息公开情况进行事实性判断，即仅对被测评对象是否满足《清单》规定的要求作“是”或“否”、“有”或“无”的判断，不对信息公开效果作“好”与“坏”的价值或程度判断，排除了测评主体的主观影响因子。项目组对何时开始测评、何时结束测评以及何时测评某高等学校，均未通报高等学校和教育主管部门，并在测评结束后统一进行复核。在项目组进行依申请公开的实际验证过程中，测评人员没有披露任何可以识别项目组身份的信息。

（3）突出重点原则

从高等学校的信息公开实践和现阶段可操作性角度上看，《高等学校信息公开事项清单》所列内容十分庞杂，个别清单项目要求公开的信息具有非常态化的特点，不一定适用于现阶段所有测评对象。因此，本次测评主要围绕推进高等学校依法治校、完善信息公开栏目建设、满足公众高度关切的重点信息公开领域的需求等方面，以《高等学校信息公开事项清单》的信息分类为基础，有重点地选定了测评内容，设定了测评体系。

2. **指标体系**（2015）

本次测评在总结评估2014年度高等教育透明度指数指标体系的基础上，进行了优化、调整，设计形成了高等教育透明度指数指标体系（2015）。本次测评的一级指标共6项，总分100分；二级指标共38项，总分100分（见表1），分别包括：学校基本情况（权重15%）、招考信息（权重20%）、财务信息（权重15%）、管理与教学信息（权重15%）、人事师资信息（权重15%）、信息公开专栏（权重20%）。

同时，项目组还对115所高等学校门户网站可用性等进行了技术扫描与监测，本年度暂未将监测结果计入总分。

表 1　　高等学校信息透明度指数指标体系（2015）

一级指标和权重	二级指标和权重
学校基本情况（15%）	学校概况（10%）
	学校章程（10%）
	学科介绍（10%）
	校领导基本信息（15%）
	学术委员会建设（20%）
	境内外教育与合作办学（10%）
	后勤保障（10%）
	校园安全（15%）
招考信息（20%）	招生信息发布（30%）
	特殊类型招生（20%）
	研究生复试信息（20%）
	录取查询渠道（15%）
	咨询与申诉渠道（15%）
财务信息（15%）	财务管理栏目设置（5%）
	财务、资产管理制度（5%）
	受捐赠财产的使用与管理（15%）
	校办企业资产信息（15%）
	采购招投标信息（15%）
	预算信息（15%）
	决算信息（15%）
	收费信息（15%）

续表

一级指标和权重	二级指标和权重
管理与教学信息（15%）	学风建设（20%）
	教学质量（20%）
	就业质量（15%）
	奖学金与助学金发放（30%）
	奖惩制度及申诉办法（15%）
人事师资信息（15%）	人事师资栏目（15%）
	教职工争议解决办法（20%）
	岗位管理制度规范（15%）
	人事聘用任免信息（25%）
	校领导信息（25%）
信息公开专栏（20%）	信息公开栏目设置（5%）
	信息公开制度（10%）
	信息公开指南（10%）
	信息公开目录（15%）
	依申请公开（25%）
	网站检索功能（10%）
	信息公开年度报告（25%）

（三）测评方法和程序说明

本报告的测评方法是观察高等学校门户网站并进行实际验证。根据《高等学校信息公开办法》《教育部关于公布〈高等学校信息公开事项清单〉的通知》（教办函〔2014〕23号）等文件的要求，高等学校应在学校门户网站开设信息公开专栏，统一公布清单要求的各项内容。换而言之，门户网站不但是高等学校信息公开的第一平台，而且清单所列的信息均应通过高等学校自身的门户网站向全社会公众公开。基于此，项目组以高等学校门户网站为测评基础，对其发布相关信息的情况进行了详细的分类测评。

项目组将高等学校门户网站作为测评基础平台，旨在考察高等学校通过自身网络平台履行信息主动公开和依申请公开职能的现状，因此并未统计和考察高等学校在其他网络平台上公布的相关信息。此外，考虑到《高等学校信息公开办法》对各高等学校信息公开早有要求，因此，本次测评在评价标准上未对教育部直属高校和其他“211”“985”高等学校做区别对待。

项目组对高等学校依申请公开情况的测评采取实际验证的方法，即按照各高等学校公开的依申请渠道向其发送信息公开申请。申请内容分别为“高等学校毕业生就业情况”和“校领导社会兼职问题”，并为被测评高等学校预留了足够的回复时间。申请过程中，凡提供在线申请平台（包括电子邮箱）的，均通过在线申请的方式验证，无此功能或在线申请功能无效的，则通过中国邮政挂号信的方式发送书面申请，并为高等学校预留了相比法定期限宽松的答复时间。

测评活动按照各测评模块分期展开，时间跨度为2015年5月25日至2015年11月9日。其中，依申请公开的实际验证回复起止时间为2015年6月30日至2015年7月15日。为保证测评结果的准确性和测评证据的时效性，项目组对所有测评对象的测评结果进了严格的“地毯式”复查，并保留了所有的网站页面截屏和链接记录。考虑到高等学校信息公开平台建设和门户网站改版更新等动态变化，本报告仅反映如下期间内不同指标的透明度情况（见表2）。

表2　　分类指标的测评起止时间

<table>
<tr><th>序号</th><th colspan="2">测评指标</th><th>起始时间</th><th>截止时间</th></tr>
<tr><td>1</td><td colspan="2">学校基本情况</td><td>2015.8.13</td><td>2015.8.26</td></tr>
<tr><td>2</td><td colspan="2">招考信息</td><td>2015.5.25</td><td>2015.8.28</td></tr>
<tr><td>3</td><td colspan="2">财务信息</td><td>2015.8.27</td><td>2015.9.15</td></tr>
<tr><td>4</td><td colspan="2">管理与教学信息</td><td>2015.9.1</td><td>2015.9.21</td></tr>
<tr><td>5</td><td colspan="2">人事师资信息</td><td>2015.9.24</td><td>2015.10.25</td></tr>
<tr><td rowspan="3">6</td><td rowspan="3">信息公开专栏</td><td>依申请公开的实际验证</td><td>2015.6.30</td><td>2015.11.9</td></tr>
<tr><td>信息公开年度报告</td><td>2015.10.26</td><td>2015.11.9</td></tr>
<tr><td>其他二级指标</td><td>2015.6.30</td><td>2015.8.5</td></tr>
<tr><td>7</td><td colspan="2">门户网站技术监测</td><td>2015.9.8</td><td>2015.9.24</td></tr>
</table>

三　总体测评结果

(一) 总成绩

本次测评结果显示，2015年度高等教育透明度排名居前的高等学校全部为教育部直属高校：中国矿业大学（徐州“211”）、中国海洋大学（“985”“211”）、湖南大学（“985”“211”）、武汉大学（“985”“211”）、中南大学（“985”“211”）、北京交通大学（“211”）、西南交通大学（“211”）、华北电力大学（北京“211”）、北京语言大学、北京科技大学（“211”）（测评结果见表3）。

表3　　2015年高等学校教育透明度指数测评结果　（满分：100，单位：分）

排名	高等学校	学校基本情况(15%)	招考信息(20%)	财务信息(15%)	管理与教学信息(15%)	人事师资信息(15%)	信息公开专栏(20%)	总分
1	中国矿业大学	75.33	83.33	95.00	81.25	100.00	95.69	88.54
2	中国海洋大学	73.33	78.33	95.00	87.50	100.00	97.32	88.50
3	湖南大学	70.67	91.67	90.00	75.00	100.00	95.16	87.72
4	武汉大学	82.00	86.67	95.00	62.50	100.00	90.72	86.40
5	中南大学	56.67	86.67	100.00	87.50	85.71	96.99	86.21
6	北京交通大学	77.33	85.00	100.00	87.50	78.57	88.50	86.21
7	西南交通大学	93.33	86.67	85.00	87.50	71.43	90.46	86.02

续表

排名	高等学校	学校基本情况（15%）	招考信息（20%）	财务信息（15%）	管理与教学信息（15%）	人事师资信息（15%）	信息公开专栏（20%）	总分
8	华北电力大学（北京）	96.67	86.67	75.00	75.00	85.71	93.14	85.82
9	北京语言大学	70.00	73.33	100.00	75.00	100.00	96.60	85.74
10	北京科技大学	67.33	88.33	80.00	100.00	92.86	82.55	85.20
11	西北农林科技大学	87.33	65.00	75.00	87.50	100.00	98.37	85.15
12	华中师范大学	80.00	81.67	95.00	75.00	92.86	86.14	84.99
13	中国矿业大学（北京）	86.67	81.67	95.00	75.00	85.71	86.27	84.95
14	华中科技大学	75.33	90.00	75.00	93.75	92.86	80.92	84.73
15	兰州大学	73.33	65.00	90.00	87.50	100.00	93.20	84.26
16	华北电力大学（保定）	70.00	56.67	95.00	87.50	100.00	98.69	83.95
17	华中农业大学	60.00	83.33	90.00	75.00	100.00	91.76	83.77
18	中国地质大学（武汉）	76.67	75.00	90.00	87.50	85.71	88.56	83.69
19	同济大学	77.33	70.00	100.00	81.25	78.57	95.16	83.60
20	上海外国语大学	76.67	78.33	85.00	62.50	100.00	96.01	83.49
21	中国石油大学（华东）	73.33	83.33	70.00	87.50	92.86	90.46	83.31
22	山东大学	80.00	86.67	85.00	87.50	57.14	95.69	82.92
23	中国政法大学	78.67	58.33	80.00	100.00	92.86	90.39	82.47
24	南京农业大学	68.67	85.00	80.00	75.00	85.71	95.16	82.44
25	安徽大学	76.67	81.67	60.00	100.00	85.71	88.24	82.34
26	中山大学	66.67	90.00	75.00	75.00	92.86	89.15	82.26
27	西南大学	84.00	65.00	80.00	87.50	92.86	87.91	82.24
28	西安电子科技大学	66.67	81.67	75.00	87.50	78.57	95.82	81.66
29	四川大学	70.00	76.67	80.00	75.00	92.86	91.50	81.31
30	华东师范大学	83.33	78.33	65.00	75.00	85.71	96.34	81.29
31	浙江大学	88.67	81.67	80.00	68.75	85.71	81.18	81.04
32	东北林业大学	57.33	78.33	75.00	93.75	92.86	85.82	80.67
33	东南大学	75.33	71.67	55.00	87.50	100.00	92.68	80.54

续表

排名	高等学校	学校基本情况(15%)	招考信息(20%)	财务信息(15%)	管理与教学信息(15%)	人事师资信息(15%)	信息公开专栏(20%)	总分
34	重庆大学	73.33	61.67	75.00	87.50	100.00	88.30	80.37
35	中国药科大学	66.67	80.00	100.00	81.25	71.43	80.72	80.05
36	上海交通大学	83.33	68.33	80.00	50.00	100.00	95.49	79.76
37	大连理工大学	64.00	81.67	85.00	100.00	57.14	86.93	79.64
38	中南财经政法大学	83.33	71.67	70.00	87.50	85.71	80.92	79.50
39	长安大学	70.00	91.67	95.00	81.25	50.00	83.40	79.45
40	中国农业大学	90.67	86.67	55.00	75.00	64.29	92.81	78.64
41	吉林大学	72.00	78.33	85.00	75.00	71.43	85.82	78.34
42	北京林业大学	76.67	76.67	50.00	81.25	100.00	83.53	78.23
43	北京外国语大学	90.00	80.00	60.00	62.50	100.00	76.67	78.21
44	华南师范大学	53.33	93.33	70.00	75.00	92.86	78.24	77.99
45	华东理工大学	93.33	63.33	45.00	87.50	78.57	97.91	77.91
46	华南理工大学	76.67	73.33	70.00	81.25	100.00	69.15	77.68
47	北京师范大学	86.67	76.67	60.00	87.50	71.43	78.82	76.94
48	电子科技大学	82.00	73.33	75.00	75.00	64.29	87.97	76.70
49	江南大学	64.00	80.00	65.00	87.50	71.43	86.80	76.55
50	中国人民大学	83.33	81.67	70.00	87.50	71.43	65.75	76.32
51	中国石油大学（北京）	84.00	41.67	65.00	75.00	100.00	96.73	76.28
52	西安交通大学	87.33	70.00	85.00	75.00	64.29	74.71	75.69
53	复旦大学	80.00	45.00	70.00	87.50	78.57	95.69	75.55
54	清华大学	77.33	65.00	65.00	75.00	78.57	90.13	75.41
55	上海财经大学	70.00	56.67	60.00	81.25	85.71	96.80	75.24
56	西南财经大学	73.33	86.67	30.00	75.00	92.86	85.36	75.08
57	武汉理工大学	53.33	78.33	90.00	87.50	71.43	70.13	75.03
58	南开大学	77.33	70.00	55.00	75.00	85.71	84.05	74.77
59	南京师范大学	67.33	86.67	80.00	56.25	57.14	89.54	74.35

续表

排名	高等学校	学校基本情况（15%）	招考信息（20%）	财务信息（15%）	管理与教学信息（15%）	人事师资信息（15%）	信息公开专栏（20%）	总分
60	中国传媒大学	77.33	81.67	55.00	75.00	78.57	73.59	73.94
61	对外经济贸易大学	80.00	85.00	60.00	62.50	85.71	67.71	73.77
62	暨南大学	53.33	70.00	85.00	62.50	85.71	83.86	73.75
63	中国地质大学（北京）	56.67	56.67	65.00	100.00	85.71	81.18	73.68
64	南京大学	80.67	76.67	80.00	100.00	64.29	45.62	73.20
65	北京化工大学	75.33	83.33	60.00	50.00	85.71	78.43	73.01
66	北京中医药大学	53.33	66.67	95.00	75.00	100.00	55.16	72.87
67	厦门大学	80.00	91.67	65.00	75.00	28.57	85.10	72.64
68	上海大学	63.33	60.00	60.00	75.00	85.71	89.54	72.51
69	天津医科大学	82.00	56.67	65.00	62.50	85.71	83.40	72.30
70	北京邮电大学	86.67	76.67	25.00	87.50	57.14	88.95	71.57
71	天津大学	80.00	70.00	65.00	62.50	57.14	86.80	71.06
72	中央美术学院	50.00	78.33	75.00	56.25	64.29	92.42	70.98
73	陕西师范大学	66.67	80.00	45.00	75.00	71.43	78.69	70.45
74	东北师范大学	65.33	41.67	80.00	87.50	64.29	85.16	69.93
75	河海大学	76.67	91.67	30.00	62.50	42.86	98.37	69.81
76	中央财经大学	85.33	66.67	65.00	75.00	64.29	64.58	69.69
77	中央音乐学院	76.67	91.67	45.00	81.25	78.57	40.72	68.70
78	东华大学	73.33	56.67	70.00	81.25	57.14	75.36	68.66
79	北京大学	76.67	73.33	70.00	68.75	50.00	66.21	67.72
80	贵州大学	84.00	83.33	35.00	68.75	71.43	59.54	67.45
81	东北大学	33.33	68.33	75.00	68.75	57.14	84.31	65.66
82	中央戏剧学院	53.33	81.67	70.00	62.50	64.29	57.52	65.36
83	中国科学技术大学	75.33	70.00	60.00	62.50	57.14	63.73	64.99
84	南京航空航天大学	52.00	78.33	30.00	62.50	71.43	78.43	63.74
85	延边大学	60.00	73.33	45.00	75.00	71.43	50.65	62.51

续表

排名	高等学校	学校基本情况(15%)	招考信息(20%)	财务信息(15%)	管理与教学信息(15%)	人事师资信息(15%)	信息公开专栏(20%)	总分
86	合肥工业大学	63.33	76.67	80.00	12.50	71.43	58.37	61.10
87	南京理工大学	70.67	66.67	30.00	75.00	42.86	66.67	59.45
88	福州大学	40.00	78.33	55.00	56.25	57.14	62.35	59.39
89	湖南师范大学	72.00	78.33	25.00	75.00	100.00	8.89	58.24
90	哈尔滨工业大学	47.33	73.33	40.00	37.50	57.14	75.56	57.07
91	哈尔滨工程大学	62.00	60.00	25.00	62.50	57.14	67.32	56.46
92	苏州大学	16.67	86.67	30.00	62.50	57.14	62.09	54.70
93	东北农业大学	53.33	60.00	30.00	50.00	21.43	95.69	54.35
94	北京工业大学	50.67	58.33	35.00	62.50	28.57	77.78	53.73
95	海南大学	73.33	88.33	30.00	81.25	42.86	8.89	53.56
96	南昌大学	70.00	66.67	25.00	50.00	42.86	59.54	53.42
97	大连海事大学	47.33	61.67	30.00	62.50	42.86	66.67	53.07
98	西北大学	70.00	66.67	40.00	50.00	85.71	8.89	51.97
99	北京体育大学	63.33	50.00	40.00	50.00	42.86	61.76	51.78
100	太原理工大学	64.00	46.67	15.00	50.00	71.43	56.60	50.72
101	西北工业大学	76.67	70.00	40.00	62.50	42.86	11.11	49.53
102	中央民族大学	20.00	81.67	20.00	87.50	57.14	22.22	48.47
103	广西大学	53.33	76.67	45.00	75.00	14.29	22.22	47.92
104	河北工业大学	75.33	86.67	10.00	37.50	42.86	11.11	44.41
105	辽宁大学	67.33	80.00	25.00	25.00	42.86	20.00	44.03
106	北京航空航天大学	50.67	67.50	7.20	68.75	42.86	20.00	42.92
107	郑州大学	56.67	66.67	25.00	75.00	28.57	0.00	41.12
108	新疆大学	20.67	66.67	25.00	37.50	14.29	61.76	40.31
109	北京理工大学	46.67	66.67	20.00	50.00	28.57	22.22	39.56
110	云南大学	38.67	75.00	20.00	25.00	42.86	11.11	36.20
111	内蒙古大学	60.67	50.00	15.00	12.50	42.86	11.11	31.88

续表

排名	高等学校	学校基本情况（15%）	招考信息（20%）	财务信息（15%）	管理与教学信息（15%）	人事师资信息（15%）	信息公开专栏（20%）	总分
112	四川农业大学	66.67	50.00	0.00	62.50	14.29	0.00	31.52
113	国防科学技术大学	33.33	70.00	5.00	18.75	14.29	8.89	26.48
114	第四军医大学	30.00	56.67	0.00	6.25	0.00	20.00	20.77
115	第二军医大学	26.67	30.00	0.00	0.00	0.00	8.89	11.78

从测评的总体情况看，2015 年度高等学校信息公开工作呈现出不少值得肯定的亮点，但也暴露出一些不容忽视的问题。

（二）高等学校信息公开工作的主要亮点

1. 教育行政主管部门在深化高等学校信息公开工作中发挥着显著的主导作用

教育部通过出台《高等学校信息公开办法》和发布《教育部关于公布〈高等学校信息公开事项清单〉的通知》等，持续推动高等学校深化信息公开工作，在对高校信息公开的内容、途径、要求、监督和保障等做出全面明确规定的基础上，针对具体文件规定细化了应予公开的事项，并且对信息公开的真实性、即时性以及平台建设等方面提出了明确要求。清单制管理方法是高等学校信息公开工作精细化、标准化的体现，不但能使高等学校进一步明确公开义务，而且有助于管理部门督查和社会监督。清单制管理方法的优势还在于其内容既具有明显的刚性，要求明确具体，又富有一定弹性，即可随着社会形势发展的需求变化以及根据相关法律法规的修订，不断调整公开事项范围和细化公开要求。

值得强调的是，教育部在2015年为进一步深化落实《清单》要求，推动高等学校做好《2014—2015学年度信息公开年度报告》的编制和发布工作，于2015年10月16日印发了《教育部办公厅关于进一步落实高校信息公开清单　做好高校信息公开年度报告工作的通知》(教办厅函〔2015〕48号，以下简称《通知》)。《通知》明确要求各高等学校“以公开为常态、不公开为例外”为原则，按照清单要求对照检查各事项公开情况，确保全面、及时、准确地公开清单所列每项信息，进一步细化主动公开范围和公开目录，特别提出要加强招生、财务等重点领域信息公开力度。此外，《通知》还明确规定了年度报告的公布时间及位置，并在教育部门户网站发布了部属高校年度报告，以起到监督和促进的作用。

可以看出，教育部已将编制和公布年度报告作为落实《清单》要求和推动信息公开工作的重要抓手。

总之，在教育部的指导和监督下，2015 年高等学校信息公开工作得到显著深化，尤其在特殊类型本科生招考以及硕士研究生复试信息公开等方面，较之 2014 年有明显进步。此外，高等学校通过信息公开专栏集中发布《清单》规定信息的途径模式正在形成，信息公开平台建设逐步走向完善。这些成果的取得均得益于教育部为推进高校信息公开工作而采取的多种工作创新和深化的举措。

2. 教育部直属高校的信息公开明显优于非直属高校

项目组在对本次测评结果进行交互比较统计时发现，教育部直属的 75 所高等学校（以下简称“部属高校”）的透明度加权平均分为 78.32，明显高于教育部非直属高等学校（以下简称“非部属高校”）52.22 的加权平均分（见图 1）。

部属高校和非部属高校教育透明度均值之间的显著差异，在很大程度上表明教育部推动其直属高校信息公开工作的常态化、规范化、制度化以及提高教育透明度的成效是非常显著的。部属高校的信息公开平台或专栏建设在教育部指导下进步显著，在相关平台设立之前相

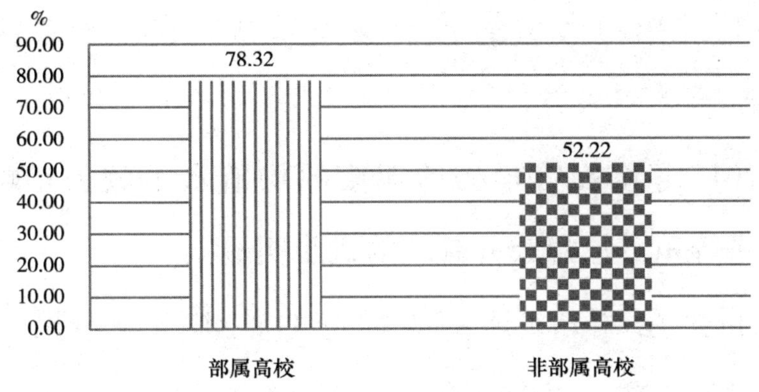

图1　部属高校与非部属高校透明度加权平均分比较

对分散的信息和未开放信息逐步统一、集中到一起，并得到了及时发布。总之，部属高校在教育部直接管理下通过深化、细化基本信息、招考信息、财务信息、人事师资信息、管理与教学信息等方面的信息公开平台建设，不断提高社会公众检索信息的便捷性和信息访问平台的友好性。

教育部还在其门户网站上设置了“教育部直属高等学校信息公开专栏”，对已经建立起信息公开专栏的高等学校逐一列示，并可直接点击链接到相应网页，便于社会公众访问相关内容。此外，教育部设立的“阳光高考信息平台”对于公众查阅本科生招考信息也有很大帮助，公众可以通过该平台轻松查询教育部相关动态和政策、高等学校招生章程等信息，并且可以较便捷地查询到高等学校特殊招考考生的名单及相关测试成绩和录取信息等情况。

3. 2015 年度高等学校透明度的均值水平较去年略有提升，招考等重点信息公开领域的进步明显

项目组在对 115 所高等学校的整体测评结果进行比较分析后发现，2015 年度高等学校透明度的均值为 69.47，相比 2014 年度的 66.73 的均值水平略有提升（见图 2）。

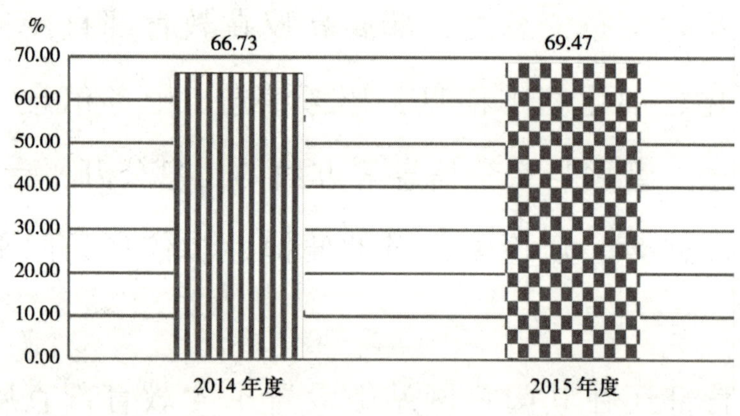

图 2 2015 年度和 2014 年度高等学校透明度均值比较

从统计角度上看，以上数据说明 2015 年度各高等学校的信息公开工作和相关平台建设水平有所提升，但总体而言推进步伐不大，尚处于探索前行的阶段。

值得肯定的是，随着各高等学校依照《高等学校信息公开办法》《高等学校信息公开事项清单》等文件的要求逐步推进落实信息公开责任，2015 年度高等学校信息公开工作和相关平台建设得到一定程度的深化，尤其是在特殊类型招生和硕士研究生复试等重点信息公开领域的情况表现，相比 2014 年度有明显进步。

首先，在保送生招考、自主选拔招考和高水平运动员招考的考生资格信息及测试结果公开方面，本次测评结果分别比 2014 年度相应指标的测评结果显著提高了 13.05%、20.87% 和 13.05%（见图 3）。可见，2015 年度高等学校在公开特殊类型招考信息方面比 2014 年度提升显著。

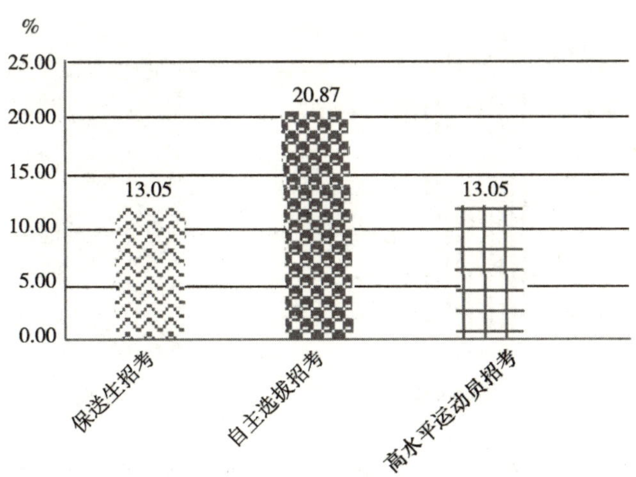

图 3　2015 年度保送生招考、自主选拔招考、高水平运动员招考资格信息及测评结果信息公开比 2014 年度的提高程度

其次，在硕士研究生复试方面，公开 2015 年度硕士研究生复试考生名单的高等学校数量比 2014 年度提升了 10.44%；公开了 2015 年度全部院系硕士生复试成绩的高等学校数量比 2014 年度提升了 15.66%，而公开了部分院系硕士生复试成绩的高等学校数量也比 2014 年度提升了 6.95%；公开了全部院系 2015 年度硕士生拟录取名单的高等学校数量比 2014 年度提升了 12.18%。

总之，2015 年度高等学校招考信息公开方面的透明度均值为 73.50，比 2014 年度高校在招考信息公开方面的透明度均值（65.91）高出 7.59（见图 4）。

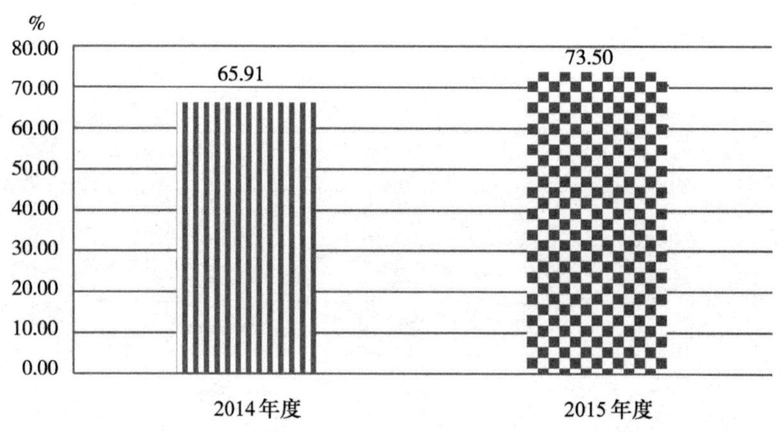

图 4　2014 年度和 2015 年度高等学校招考信息公开的透明度均值比较

（三）高等学校信息公开工作的主要问题

1. 不同地区和不同属性高等学校的信息公开水平存在差异

项目组对本次测评的不同数据项进行比较分析发现，不同地区和不同属性的高等学校的信息公开水平存在着比较明显的差异。这种差异表现在信息公开专栏设置、招考、财务、人事师资信息公开情况等多个方面，即使不对原始统计数据运用方差分析（ANOVA）工具，而仅需进行一般描述统计（descriptive statistics）分析亦可得出这一观察结论。

从比较典型的信息公开专栏设置情况来看，首先，按不同所属地区对高等学校进行分类的统计结果显示，北京地区高等学校开设可访问的信息公开专栏的数量和比例远远高于其他地区，占测评总数的 24.35%；与之相比，江苏和上海地区的高等学校在此项指标上的占比分别为 9.57% 和 7.83%，虽然它们明显低于北京地区高等学校的统计数据，但同广西、云南和内蒙古自治区等西部或边远地区高等学校在此项指标上“摘 0”的成绩形成了鲜明对比。这在一定程度上反映出东部发达地区和西部欠发达地区的高等学校在信息公开平台建设水平上的现实差距。其次，按不同属性对高等学校进行分类的统计结果显示，理工类高等学校开设可访问的信息公开专栏的统计数字要优于综合类高等学校，呈现出占比32.17%对占比26.96%的差异。这在一定程度上说明理工类高等学校可能得益于自身信息平台架构和数据处理的技术优势，在信息公开专栏建设方面更具有发展潜力和优势。

2. 部分高等学校对信息公开工作重视不够、公开不及时现象突出，相关平台建设步伐缓慢

项目组在2014年高等教育透明度测评中就发现有部分高等学校对信息公开工作重视不够，[①] 而从2015年的测评结果看，这一问题并没有得到显著改善。

首先，部分高等学校信息公开延时现象很突出。以《2014—2015学年度信息公开年度报告》（以下简称“年度报告”）的发布情况为例，根据教办厅函〔2015〕48号文的要求，各高等学校应于2015年10月31日前将年度报告发布在本校门户网站的相关栏目上。然而，经过

① 中国社会科学院法学研究所法治指数创新工程项目组：《中国高等教育透明度指数报告（2014）》，中国社会科学出版社2015年版，第20—21页。

项目组观察统计，仅有55所高等学校在10月31日前公布了年度报告，总体比例不足测评总数的一半，仅占43%（见图5）。可见，目前一些高等学校对信息公开工作的重视程度还有待提高。此外，北京工业大学等一些高等学校由于校园门户网站和信息公开专栏改版等原因，导致其多个指标在测评期间无法及时地按照《高等学校信息公开事项清单》规定公开相应的信息内容。

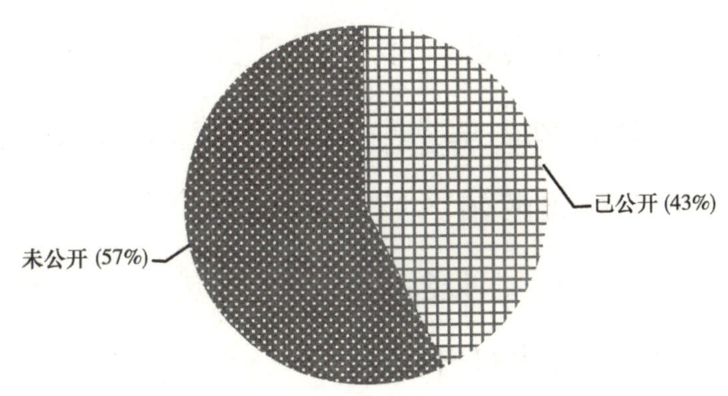

图5　2015年10月31日前公布《2014—2015学年度信息公开年度报告》的情况

其次，部分高等学校的信息公开平台建设进展缓慢，网站建设水平较低。门户网站是高等学校公开信息的第一平台，门户网站运行有效，信息公开才能有效。但测评发现，高等学校门户网站建设水平并不高。一方面，信息公开栏目链接无效的现象依旧存在，甚至某些高等学校的相关栏目设置形同虚设。例如，四川农业大学开设的所谓“信息公开栏目”，只是其门户网站（新版）首页右上角的“图标”，没有实际设置栏目跳转链接。当测评人员切换到其旧版校园网页时，虽然能找到相关栏目（信息公开—校务公开），但经过多次测试后发现其链接始终无效。应当指出的是，该校在2014年的测评中就存在此问题，直至2015年测评结束时仍然没有得到纠正和改善，说明其近一年来信息公开平台建设没有得到及时合理地推进。此外，北京大学虽然在“北大概况”栏目和“专题网站区域”的醒目位置设置了信息公开专栏，但在测评后期经不同测评人员在不同时段的访问尝试，链接均无法打开。

另一方面，技术监测也表明，广大高等学校门户网站建设水平不高。为了从技术上检测115家高等学校门户网站的建设情况，项目组对115所高等学校的门户网站进行了技术扫描和监测。监测发现，2015年9月8日至2015年9月24日，有59所高等学校的门户网站首页可以做到所有监测过程中均可15秒内打开网页、可用率（即监测期间内打开网页次数与验证次数的比率）为

100%，占测评总数的51.30%，其余56所学校的门户网站可用性不高，最低的是中国矿业大学（徐州），可用率仅为56.52%，也就是有一半以上的测试是无法打开网页的。部分高等学校门户网站首页信息链接存在错误，也就是会导致首页内相应链接出现网页无法打开的情况。监测时间内，仅有25所高等学校门户网站的首页未发现链接错误，其余90所高等学校门户网站首页均存在链接错误，占78.26%。部分高等学校门户网站内的内部信息链接存在错误，监测时间内，经对115所高等学校网站进行全站扫描，仅18所高等学校门户网站未发现存在内部（即与首页同一域名或在设定域名范围内）链接错误，其余97所高等学校的门户网站均存在程度不一的内部链接错误，占84.35%。此外，有61所高等学校门户网站内的附件链接有误，会导致附件无法打开，占53.04%。项目组还对全部测评对象门户网站内是否存在错别字进行了监测，结果仅有4所学校未发现错别字，分别是上海财经大学、西南大学、郑州大学、华南理工大学，剩余111所学校门户网站均发现了错别字，占比高达96.52%。这其中，错别字超过100处的高等学校有19所，比如，武汉理工大学有315处、重庆大学有261处、清华大学有236处、北京大学有194处（详见表4）。

表4　部分高等学校门户网站错别字检测结果

（监测时间：2015年9月8日至9月24日）

高等学校	错别字个数
武汉理工大学	315
重庆大学	261
清华大学	236
北京大学	194
华中科技大学	179
北京师范大学	158
华中师范大学	154
南开大学	147
四川大学	146
对外经济贸易大学	126
云南大学	122
中国石油大学（北京）	119
华中农业大学	115
电子科技大学	114
中南大学	111
中国政法大学	108
武汉大学	104
上海交通大学	103
西安交通大学	102

注：上表仅列出了100处以上错别字的高等学校。

再次，少数“211”重点高等学校对信息公开的重要意义理解得不到位，信息公开专栏或相关平台的建设一直处于缺位状态。例如，项目组发现郑州大学一直未设置信息公开专栏或相关平台，只能在“快速通道区域”下找到所谓的“公共服务”栏目，其内容是一些诸如科技大词典、全唐诗库、大学校历、动画世界等对外信息共享资源。

3. 信息公开口径或发布形式缺少更细化的统一规范，公众访问的友好性欠佳

高等学校信息公开专栏建设和具体公开办法虽然有《高等学校信息公开办法》和《高等学校信息公开事项清单》作为依据，但从各高等学校的实践情况看，信息公开的发布渠道和形式缺乏更细化的统一规范。在此意义上，2014 年测评指出的“信息放置不合理”的问题依然是制约当前高等学校信息公开效果的关键负面因素。

首先，很多高等学校门户网站的信息公开专栏和不同信息发布渠道的分类形式，是在借鉴国外高等学校门户网站设置形式，并结合高等学校自身多年办学实践进行规划设计，不符合教育行政主管部门的标准化要求。

因此，不少高等学校在客观上会随意放置信息，造成了社会公众难以查找、访问困难的现象。

例如，从高等学校对信息公开专栏的设置看，至少存在以下五种情况。一是在高等学校门户网站首页的顶部导航栏、快速链接版块、专题网站版块开辟信息公开专栏，如中国海洋大学、中国矿业大学、吉林大学、北京外国语大学等。这种形式最为常见，便于社会公众查找，界面相对友好。二是在高等学校门户网站首页的“学校概况”栏目中开设信息公开二级栏目，如中央戏剧学院等高等学校。三是在高等学校门户网站首页的“管理机构”（职能部门）栏目下的二级栏目“学校办公室”（即党委和校长办公室二合一）中再开设关于信息公开的三级栏目，这种栏目设置办法可能是考虑到学校办公室具有本校信息统筹管理的职能，采取这种栏目设置办法的高等学校有中央民族大学等。四是在高等学校门户网站首页的“信息服务”栏目或“服务专区”下开设信息公开二级栏目，如同济大学等。五是在高等学校门户网站的服务类信息版块中设置相关栏目，如清华大学在其门户网站首页“走进清华”栏目中的“实用信息”版块下开设了“信息公开”三级专栏，并且将其同该版块下的“参观预约”等栏目置于同一范畴。以上“五花八门”的专栏设置办法和形式，虽然彰显了高等学校的个性化，但在客观上给社会公众访问其信息公开事项造成了一定程度的“路径选择障碍”。

其次，高等学校根据《高等学校信息公开事项清单》要求对研究生“录取办法”信息进行公开时采取的公开形式也缺乏规范化。例如，高等学校直接以“硕士（博士）复试录取办法”为标题独立公开该项目信息的做法并不普遍；有一些高等学校通过类似“硕士（博士）复试工作方案”或“硕士（博士）复试工作公告”的标题来公开该部分内容；还有些高等学校将录取办法说明放到招生简章的局部段落中，只言片语，比较笼统，对需求相关信息的访问者而言缺乏指导性。此外，研究生拟录取名单公示期限也没有统一规范，或长或短，而且有部分高等学校将相关内容设置成了“内部公开”，即访问者必须输入身份验证信息才可访问。然而，根据教办函〔2014〕23 号文件的要求，此类公开方式并不符合要求。

再次，研究生招生申诉处理办法的公开内容不清晰，有高等学校单独将其开设为一个栏目，也有高等学校将相关内容放置于招生简章、拟录取名单说明和复试录取办法中，寥寥数语列于文后，难免有“走形式”之嫌。

4. 信息公开年度报告存在着比较突出的形式主义问题

从本次测评情况看，很多高等学校的2014—2015学年度信息公开年度报告在说明主要经验、存在问题和改进措施等情况时，套话太多、内容空洞。进而言之，很多高等学校对信息公开工作中存在的问题表述得过于笼统，提出的改进措施也缺乏针对性和可操作性，存在一定程度的“开大力丸”的现象。这些高等学校在说明其相关工作中的问题和提出相应措施时，基本使用如下“套话”：“对信息公开工作重要性的认识还不够”“相关制度建设或公开内容还不完善”“公开的方法有待改进”或“公开的水平有待提高”等，相应的所谓改进措施就成了“要强化各单位信息公开意识”“要完善信息公开相关机制”“要大力加强信息公开平台建设或加强维护水平”等。而对于高等学校如何不重视（具体表现）、为何不重视、相关制度办法怎样不完善以及如何加强或完善相关机制建设的具体内容等，则无任何进一步说明。此外，在说明依申请公开的收费、减免情况时，多数有依申请公开情况的高等学校没有给出相关的统计数据，还有部分高等学校没有对收费、减免情况作出说明，如中国人民大学、吉林大学、中央戏剧学院和陕西师范大学等。

四　分版块测评情况

（一）学校基本情况：学术委员会和学科介绍信息公开欠佳

本年度高等学校基本情况版块的测评项目包括学校概况、学校章程、学科介绍、校领导基本信息、学术委员会建设、境内外教育与合作办学、后勤保障、校园安全（含紧急处理预案）等信息的公开情况。本版块的测评时间为2015年8月13日至2015年8月26日。

1. 学校概况

学校概况作为社会公众了解高等学校整体情况的首要窗口，是高等学校信息公开的最基本内容。各高等学校门户网站上均有此项内容，但往往存在不能按年度（或学年度）及时更新内容的问题。为此，项目组考察了2015年度和2014年度的相关公开情况，结果发现本年度有109所高等学校在一年内更新了学校概况（或简介），占测评总数的94.78%，比2014年度相同指标的统计结果（73所高等学校，占63.48%）显著提高了31.3%（见图6）。

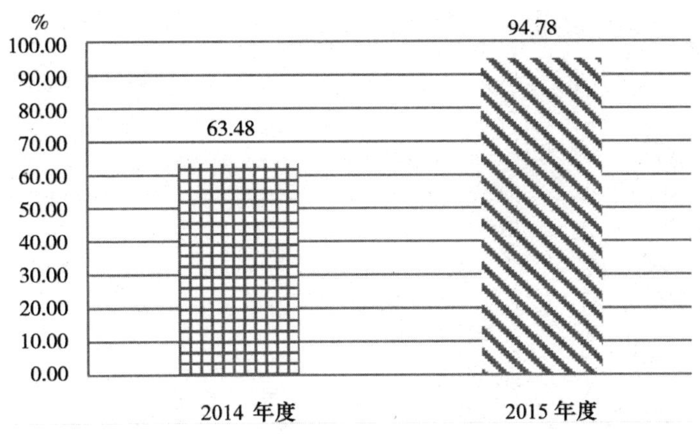

图 6　2014 年度和 2015 年度更新高等学校概况（或简介）情况比较

2. 学校章程

学校章程是规定高等学校的宗旨任务、办学目标、内部治理结构、决策程序和民主监督机制等重要事项和办事规则的根本制度，也是高等学校自主办学、履行社会公共服务职能的基本准则和社会公众监督的基本根据。然而，这一高等学校自身制定的“根本校法”的公开情况并不令人满意，项目组在 2014 年测评时就发现有近 60% 的高等学校没有公开章程。对此，项目组考察了 2015 年度各高等学校的章程制定和公开情况，发现有 84 所高等学校在门户网站上完全公开了自身章程，占测评总数的 73.04%，这一数字相比 2014 年增加了 36 所（见图 7）。然而，仍有 29 所高等学校没有在其门户网站发布章程，占测评总数的

25.22%，另有两所高等学校的相关栏目链接无效。

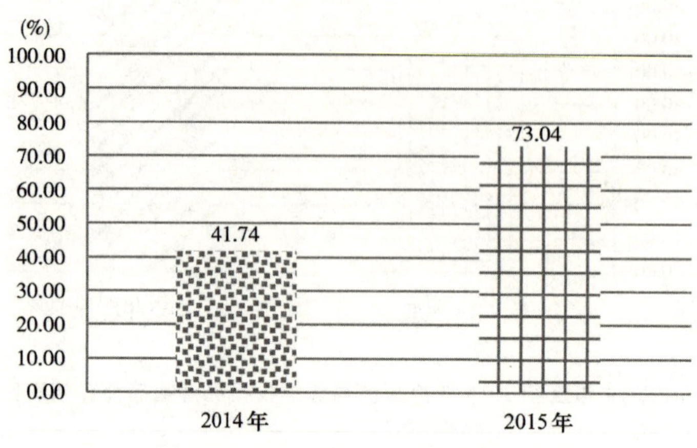

图7　2014 年和 2015 年高等学校章程公开情况比较

3. **学科介绍**

学科介绍作为考生和家长在选择高考志愿时的重要参考信息，是高等学校信息公开的关键内容，本应通过信息公开栏目或以各院系为单位分科详细说明开设的全部专业。然而，测评发现，高等学校公开学科简介的情况并不规范，存在着以院系简介代替学科专业介绍或者在院系概况中只简单提及开设专业的名称等现象。对此，项目组在本次测评中采取了较 2014 年相关测评标准更严格的尺度，分别抽查各高等学校任意三个院系中相关学科下属的专业介绍情况：三个院系均明确公开学科简介的有 24 所，占测评总数的 20.87%；有一个院系未公开或提供了无效链接的有27所，占测评总数的23.48%；有两个院系未公开或提供了无效链接的有19所，占测评总数的16.52%；而没有提供具体专业介绍或提供了无效链接的高等学校有45所，占测评总数的39.13%（见图8）。

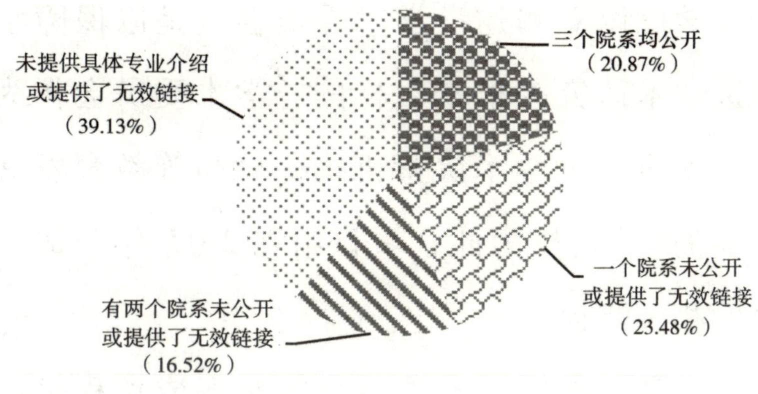

图8 2015年高等学校任意三个院系专业介绍的公开情况

4. **校领导基本信息**

校级领导个人简介和分工信息的公开，是高等学校管理层集体接受社会公众监督的基础。首先，有95所高等学校在其门户网站上公开了校级领导的简介，占测评总数的82.61%，比2014年91所高等学校的数量略有提高；相应地，完全没有提供校级领导简介的高等学校较2014年减少了4所，即有15所高等学校，占测评总数的

13.04%；另外，有5所高等学校提供了部分校领导的个人简介，占测评总数的4.35%。其次，校级领导分工信息的公开情况相比2014年变化不大，有45所高等学校未公开校级领导分工信息，占测评总数的39.13%，其余高等学校均公开了相关信息。

5. 学术委员会建设

高等学校设立和建设学术委员会，是以保障学术自由、促进学术研究为根本目标的。学术委员会作为高等学校的学术审议和学术决策机构，对高等教育发展起着至关重要的作用。[①] 为此，项目组在2015年开辟了对这一内容的相关测评。

首先，高等学校学术委员会的制度或章程是一所高校学术运行的参照标准或“旗杆”，是其学科建设、学术评价、学术发展和充分发挥教授治校作用的根本原则。为此，项目组测评了学术委员会章程的公开情况，发现有70所高等学校开辟了相关栏目并公布了学术委员会的章程，占测评总数的60.87%；另有11所高等学校虽然

① 《国家中长期教育改革和发展规划纲要（2010—2020年）》第十三章（四十）中提出应充分发挥学术委员会在学科建设、学术评价、学术发展中的重要作用。探索教授治学的有效途径，充分发挥教授在教学、学术研究和学校管理中的作用。

开辟了相应栏目或在信息公开专栏中列有相关标题，但链接无效或点击后无具体内容，占测评总数的 9.57%；没有公开相关内容的高等学校有 34 所，占测评总数的 29.56%（见图 9）。

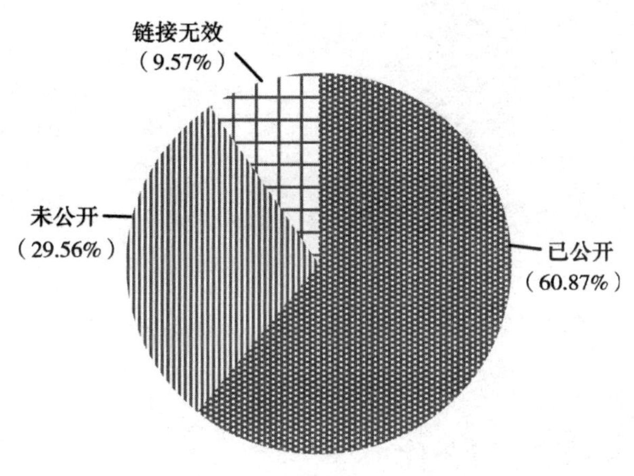

图 9　2015 年度高等学校公开学术委员会的章程情况

其次，项目组继续考察学术委员会的年度报告的公开情况，发现仅有 19 所高等学校公开了 2014 年度的学术委员会年度报告，占测评总数的 16.52%；还有 29 所高等学校虽然设置了相应栏目或标题，但未公开相应的年度报告，占测评总数的 25.22%；与前两种情况相比，高达 67 所高等学校既无相应栏目标题也未提供相应年度报告，占测评高等学校总数的 58.26%（见图 10）。这在一定程度上说明各高等学校目前的学术委员会建设步伐有待加快、相应信息公开工作有待大力加强。

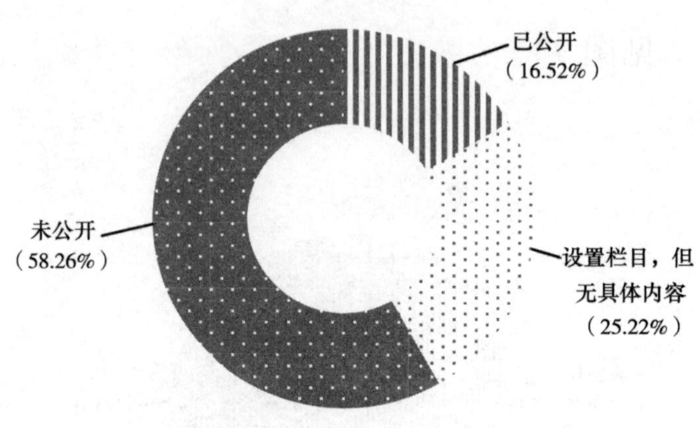

图 10　2014 年度学术委员会年度报告的公开情况

6. 境内外教育与合作办学

在对高等学校公开境内外合作办学的情况测评中，项目组发现开设相关栏目（或网页）的高等学校有 105 所，占测评总数的 91. 30%。其中，有 49 所高等学校不但开辟了境内外教育与合作办学相关栏目（网页），而且列明最近三个月之内的相关动态，占测评总数的 42. 61%；有 26 所高等学校设有相关栏目（网页），但公开的合作办学事项的发生时间不在测评之前的三个月，占测评总数的 22. 61%，这一比例较 2014 年相同指标的统计结果增加了 8. 7%；有 27 所高等学校虽然设有相关栏目（网页），但进入栏目后未发现相关的动态信息，占测评总数的23.48%；有3所高等学校虽然开设了相关栏目（网页），但所提供的链接无效，占2.61%；另有1所高等学校没有专设相关栏目（网页），但可找到三个月之内相关动态信息；此外，只有9所高等学校既无相关栏目设置，也检索不到任何相关的动态信息，这一数字相比2014年相同指标的统计结果减少了3所。

7. **后勤保障**

在高等学校后勤保障的信息公开方面，2015年度的测评结果在栏目设置上基本同2014年度的测评数据持平，在公开相关的制度规范上略优于2014年，而在公开动态信息上不及2014年。首先，有103所高等学校通过自身行政管理部门（如后勤管理集团或后勤管理处等）的网页公开了后勤保障方面的信息，占测评总数的89.57%；没有公开相关栏目内容以及链接无效的高等学校只有12所，占测评总数的10.43%。其次，有86所高等学校公开了学生后勤保障相关制度规范，比2014年多了3所，占测评总数的74.78%；相应地，有23所高等学校没有公开相关后勤保障制度规范的信息，占测评总数20.00%；另有6所高等学校的相关栏目链接无效，占测评总数的5.22%。再次，有66所高等学校列明了近三个月内的后勤保障活动，占测评总数的57.39%，这一比例相比2014年的情况下降了9.30%；有24所高等学校所列的相关动态信息要么没有标注发生日期，要么超过三个月没有更新，共占测评总数的20.87%；没有公开相关信息的高等学校有24所，提供无效链接的高等学校1所，共占测评总数的21.74%。

8. **校园安全**

在校园安全信息的公开方面，有94所高等学校列明了校园安全相关制度规范，相比2014年多了3所，占测评总数的81.74%；而未列明相关制度规范的高等学校有17所，占测评总数的14.78%；还有4所高等学校的相应栏目链接无效，占测评总数的3.48%。

在公开校园安全动态信息的高等学校当中，有63所高等学校详细公开了最近三个月内的校园安全相关活动的信息，占测评总数的54.78%，相比2014年相同指标的测评结果下降了2.61%；有30所高等学校虽然也公开了相关动态信息，但其中的27所高等学校只提供了测评期前三个月的信息，近期没做更新，占测评总数的23.48%，还有3所高等学校提供的相关信息没有标明发布时间，占测评总数的2.61%；没有公开相关内容以及提供了无效链接的高等学校有22所，占测评总数的19.13%。

在高等学校针对突发事件的应急预案的公开方面，有73所高等学校通过信息公开专栏（信息公开目录）或学校保卫部门网页公开了突发事件的应急预案，占测评总数的63.48%，比2014年相同指标的统计结果（50.43%）显著提高了13.05%。

（二）招考信息：特殊招考和硕士复试信息公开进步显著

高等学校的招考信息涉及广大考生的基本权益，受到社会公众的广泛关注，历来是高等学校信息公开的重点内容。国务院在2015年4月发布的《2015年政府信息公开工作要点》中强调推进教育领域的信息公开工作，要求全面实施高等学校招生“阳光工程”，推动高等学校重点做好录取程序、咨询及申诉渠道、重大事件违规处理结果、录取新生复查结果、及时公开高校自主招生办法、考核程序和录取结果等工作。

总的来看，所有被测高等学校均在各自门户网站首页的醒目位置开设了相应栏目。项目组针对该栏目下的具体内容进行了深入的分项测评，内容主要包括本科生招考信息和研究生招考信息两大部分。其中，本科生招考信息部分包括招生信息发布、特殊类型招考、录取查询和咨询申诉等；研究生招考信息部分包括招生信息发布、复试信息发布、录取名单、咨询申诉等。本版块的测评时间为2015年5月25日至2015年8月28日。

1. **本科生招考**

项目组对2015年度本科生招生简章、目录、特殊类型招生考试办法、分批次分科类招生计划等信息公开情况进行了测评。有110所高等学校公布了2015年度本科生招生简章，占测评总数的95.65%；有106所高等学校公开了2015年度的本科生分批次、分科类招生计划，占测评总数的92.17%。

本科特殊类型招考形式包括保送生、自主选拔、高水平运动员和艺术特长生招考等，其涉及的考生数量虽然远不及普通高考的考生数量，但一直是社会公众非常关注的招考信息领域，因此各高等学校应严格公开标准，做好信息发布。测评显示，有102所高等学校公开了2015年度本科生特殊类型招生办法，达到了总数的

88.70%；在保送生招考方面，公开了考生资格信息和测试结果的高等学校有51所，占测评总数的44.35%，比2014年相同指标统计得到的31.30%的比例有了明显提高；在自主选拔招考方面，有73所高等学校公开了考生资格信息和测试结果，占测评总数的63.48%，明显比2014年相同指标的测评结果（42.61%）提高了20.87%；在高水平运动员招考方面，也有73所高等学校公开了考生资格信息和测试结果，比2014年相同指标的测评结果（50.43%）提高了13.05%；在艺术特长生招生方面，有41所高等学校公开了考生资格信息和测试结果，占测评总数的35.65%，比2014年相同指标的测评结果（29.57%）提高了6.08%。

总之，2015年度各高等学校在公开特殊类型招考信息方面相比2014年有了明显进步。当然，项目组也注意到，在保送生招考、自主招生、高水平运动员和艺术特长生招考方面，各有占测评总数17.39%、12.17%、13.04%和44.35%的高等学校只公示了考生姓名，而没有公示相应的资格信息和测试项目结果，因此应进一步加强和规范特殊类型招考信息的公开工作，避免在相关工作中出现形式主义的问题倾向。

在本科录取查询方面，有105所高等学校在门户网站上公开了2015年度的本科生录取查询渠道和办法，占测评总数的91.30%，比2014年相同指标的测评结果（87.83%）提升了3.47%。此外，项目组为及时把握本科生录取动态，在截止到2015年8月28日的测评期内，对2015年度本科生分批次、分科类录取人数情况进行了观察分析，结果发现，仅有25所高等学校及时公开了相关内容，占测评总数的21.74%。值得注意的是，有51所高等学校在此期间没有公布任何的本科生招考申诉程序和处理途径，占测评总数的44.35%。可见，高等学校对本科生招考申诉处理机制的建设还有待加强。

2. **研究生招考**

全部被测评高等学校均公开了2015年度的硕士和博士研究生招生简章；在硕士研究生录取人数方面，共有106所高等学校公开了院系的招生人数，占测评总数的92.18%；博士研究生录取人数的公开情况略逊于前者，即公开相关录取人数的高校有89所，占测评总数的77.39%。

值得关注的是硕士和博士研究生的复试招考信息公开方面，高等学校在研究生复试工作中往往拥有更多的自主权和灵活性，这就可能造成在复试命题、阅卷和计分等环节中出现滥用学术权力或滋生学术腐败等行为。因此，研究生复试招考信息的透明化同考生的利益密切相关，而考生对相关信息的公开诉求也非常强烈。

首先，在硕士研究生复试方面，有 49 所高等学校公开了全部院系的 2015 年度硕士研究生复试考生名单，占测评总数的 42.61%，较 2014 年度相同指标的统计结果（41.74%）无明显提升；有 26 所高校公开了部分院系的上述信息，占测评总数的 22.61%，比 2014 年度相同指标的统计结果（13.04%）高出 9.57%；而没有公开相关内容的高等学校只有 35 所，占测评总数的 30.43%，比 2014 年度相同指标的统计结果（42.61%）明显下降了 12.18%；此外，提供无效链接的高等学校只有 1 所，还有 4 所高等学校属于“准公开”，即需要输入考生身份信息进行登录查询。有 53 所高等学校公开了 2015 年度全部院系的硕士生复试成绩，占测评总数的 46.09%，比 2014 年度相同指标统计得出的比例（30.43%）显著提升了 15.66%；有 17 所高等学校公开了部分院系的上述信息，占测评总数的 14.78%，也比 2014 年度的相同指标数据（7.83%）提升了 6.95%；没有公开相关内容的高等学校从2014年的65所下降到35所，占测评总数的30.43%；此外，相关内容链接无效的高等学校有3所，需要输入考生身份信息进行查询的高等学校有7所（见图11）。

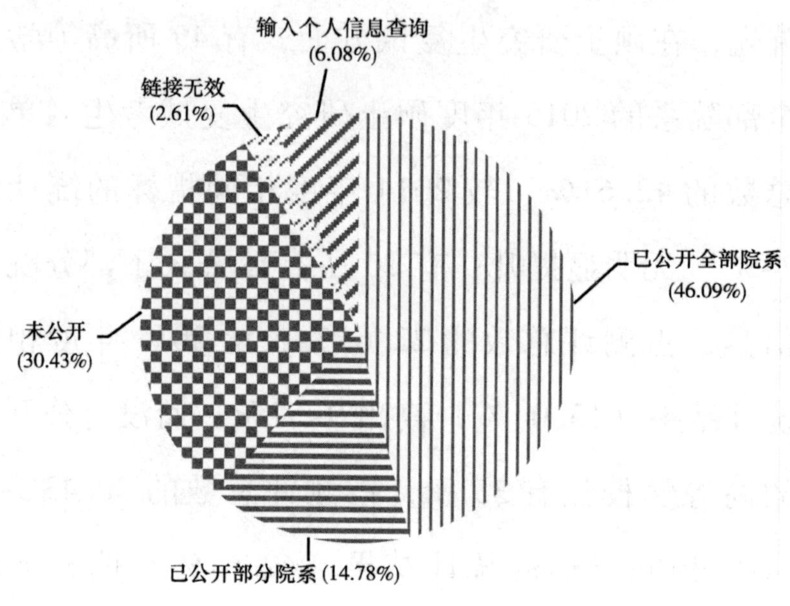

图11　2015年度硕士生复试成绩公开情况

有77所高等学校公开了全部院系的2015年度硕士生拟录取名单，占测评总数的66.96%，比2014年度相同指标的统计结果（54.78%）显著提升了12.18%；有11所高等学校公开了部分院系的2015年度硕士生拟录取名单，占测评总数的9.57%；没有公开任何相关信息的高校有19所，占测评总数的16.52%，这一比例比2014

年度相同指标的统计结果（22.61%）下降了6.09%；此外，相关内容链接无效的高等学校有5所，需要输入登录密码查询的高等学校有3所（见图12）。

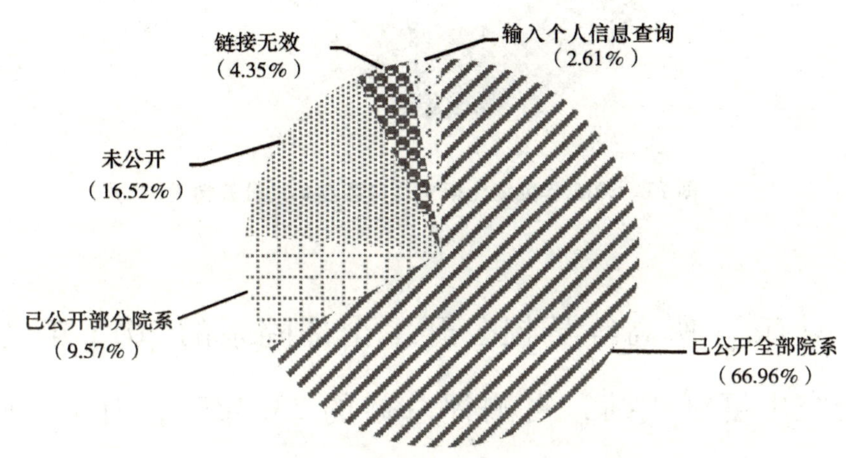

图12　2015年度硕士生拟录取名单公开情况

其次，相比上述硕士研究生复试信息的公开情况，2015年度博士研究生复试信息，尤其是博士复试考生名单和复试成绩的公开情况不十分理想。测评发现，只有24所高等学校公开了全部院系的2015年度博士研究生考生名单，占测评总数的20.87%；有23所高等学校公开了部分院系的2015年度博士研究生考生名单，占测评总数的20.00%；而没有公开相关信息的高等学校达到68所，占测评总数的59.13%（见图13）。

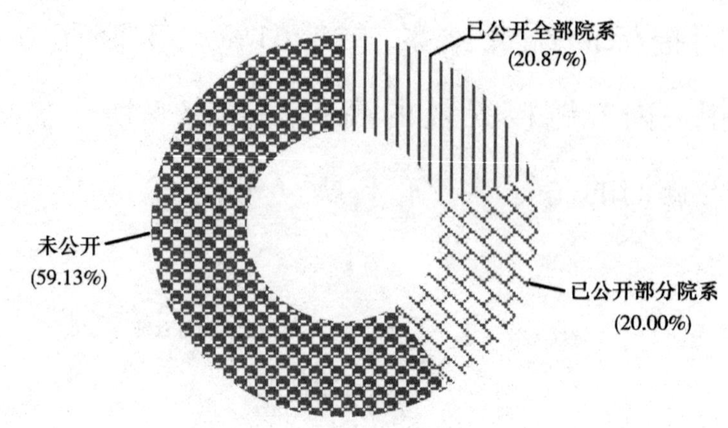

图 13　2015 年度博士研究生考生名单的公开情况

只有 27 所高等学校公开了全部院系的 2015 年度博士研究生复试成绩，占测评总数的 23.48%；有 13 所高等学校公开了部分院系的 2015 年度博士研究生复试成绩，占测评总数的 11.30%；没有公开相关内容的高等学校达到 64 所，占测评总数的 55.65%；需要输入考生身份信息进行查询的高等学校有 9 所，占测评总数的 7.83%；另有 2 所高等学校提供的相关链接无效（见图 14）。

有 72 所高等学校公开了全部院系的 2015 年度博士研究生拟录取名单，占测评总数的 62.61%；有 11 所高等学校公开了部分院系的 2015 年度博士研究生拟录取名单，占测评总数的 9.57%；没有公开相关信息的高等学

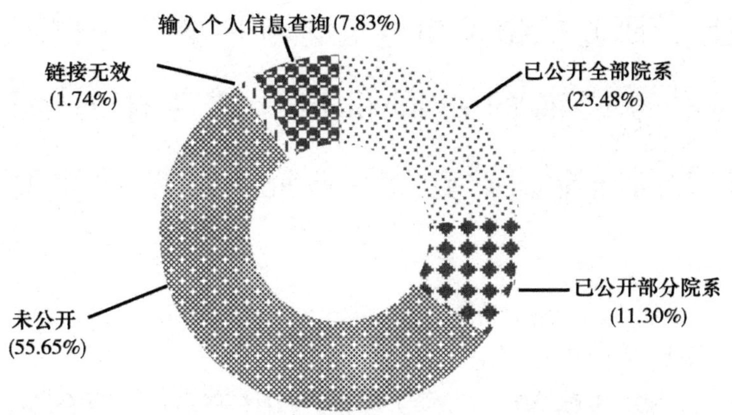

图14　2015年度博士研究生复试成绩的公开情况

校有25所，占测评总数的21.74%；此外，需要输入考生信息进行查询的高等学校有3所，相关信息链接无效的高等学校有4所，共占测评总数的6.09%（见图15）。

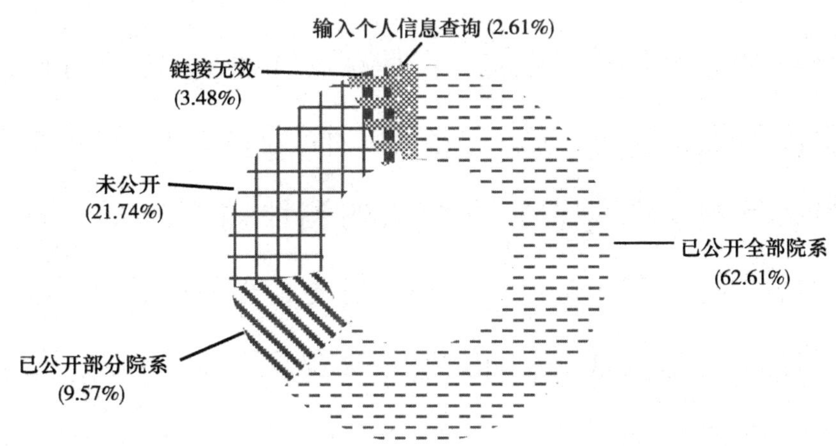

图15　2015年博士研究生拟录取名单的公开情况

最后，研究生招考申诉处理程序的公开情况要优于本科生招考层面的相同指标，即只有占测评总数33.91%的高等学校没有公开研究生的申诉处理程序或办法。

（三）财务信息：学校受捐赠财产信息更新不及时

本次测评的对象全部是国家兴办的具有社会公益性、服务性的公立高等学校。因此，向社会公开学校的资金收入、支出和预算等财务信息是其应尽的义务。此外，国务院在《2015年政府信息公开工作要点》中强调推进公共服务信息公开，尤其是推动高等学校制定财务公开制度，加大高等学校财务公开力度。进而言之，高等学校做好财务信息公开工作不但有助于监督其经费收支的合法性和规范其资金使用范围，而且也是向公众履行其说明义务的重要体现。本版块的测评内容包括：财务管理栏目设置，财务资产，管理制度，受捐赠财产的使用与管理，校办企业资产信息，采购招投标信息，预算信息，决算信息和收费信息等公开情况。本版块的测评时间为2015年8月27日至2015年9月15日。

1. 财务管理栏目设置

财务管理栏目是高等学校的门户网站或其信息公开专栏（或网页）集中发布其财务信息的基本渠道，也是公众了解和监督其财务管理和资金使用情况的重要窗口。2015 年，有 104 所高等学校设置了财务管理相关专栏或网页，占测评总数的 90.43%，比 2014 年相同指标统计得出的 103 所高等学校无显著提高。

2. 财务、资产管理制度

财务、资产管理制度的规范性和公开性是高等学校财务透明度建设的重要内容，有助于社会公众对高等学校的财务流程等事项实施监督，并在此基础上进行咨询、投诉和提出建议等。2015 年，共有 101 所高等学校公开了本校的财务和资产管理制度，占测评总数的 87.83%，这一比例较 2014 年相同指标的统计结果（76.52%）高出 11.31%。

3. 受捐赠财产的使用与管理

高等学校受捐赠财产的使用与管理的透明化，对于监督捐赠财产用途，确保实现捐赠人意愿，进而促进高等学校良性治理具有积极意义。项目组主要考察了高等学校公开接受捐赠财产以及使用捐赠财产的情况。具体来看，有80所高等学校公开了接受捐赠财产的情况，占测评总数的69.57%，其中的51所高等学校公开了发生时间在一年内的捐赠财产的信息，占测评总数的44.35%，比2014年相同指标的统计数字（61.74%）下降了17.39%；另有29所高等学校只公开了发生时间在一年以前以及发生时间不明确的接受捐赠财产信息，占测评总数的25.22%。另外，公开了接受捐赠财产的使用信息的高等学校有63所，占测评总数的54.78%，其中有40所高等学校公开了发生时间在一年内的接受捐赠财产的使用信息，占34.78%，比2014年相同指标的统计数字（45.22%）降低了10.44%。

4. **校办企业资产信息**

高等学校的校办企业是学校自身创办或控股的具有营利性的企业法人单位，它凭借高等学校自身的影响力而获得巨大的有形无形资产。因此，校办企业的资产信息公开工作是高等学校信息公开的重要一环。项目组对校办企业的栏目设置、校办企业的资产和负债信息、国有资产保值增值信息等方面进行了考察。首先，有76所高等学校设置了校办企业的信息公开栏目（或网页），占测评总数的66.09%。其次，有33所高等学校一年之内更新了校办企业资产信息，占测评总数的28.70%，比2014年相同指标的统计数字（23.48%）略有提高。再次，有27所高等学校一年之内更新了校办企业资产信息，占测评总数的23.48%，比2014年相同指标的统计数字（20.87%）略有提高。最后，只有25所高等学校公开了一年内更新的校办企业国有资产保值增值情况，占测评总数的21.74%，与2014年相同指标的统计数字没有任何变化。

5. 采购招投标信息

高等学校的采购及招标工作是其基础建设的核心内容，若在监管上发生疏漏，则很容易滋生暗箱操作和经济腐败问题，严重影响其社会声誉，因此需加强相关信息的公开力度，更广泛地接受社会公众的监督。项目组为此重点考察了高等学校的仪器设备采购制度规范以及2015年度相关采购信息的公开情况。有96所高等学校公开了仪器设备采购制度规范，占测评总数的83.48%，比2014年相同指标的统计数字（74.78%）提高了8.7%；有93所高等学校公开了发生时间在一年内的仪器设备采购信息，占测评总数的80.87%，比2014年相同指标的统计数字（73.04%）提高了7.83%。

6. 预算信息和决算信息

高等学校公开收支预算（决算）总表、收支出预算（决算）表、财政拨款预算（决算）表等信息，不但是当代公共财政管理的基本要求，也是社会公众了解高等学校接受国家财政拨款和经费收支情况的基本依据。项目组针对高等学校公开上述财务报表的情况进行了详细测评：首先，在公开预算报表的信息方面，有78所高等学校公开了2015年度的收支预算总表，占测评总数的67.83%，这一比例和2014年相同指标的统计数字相比没有发生变化；有74所高等学校公开了2015年度的收入预算表，占测评总数的64.35%；有76所高等学校公开了2015年度的支出预算表，占测评总数的66.09%；有73所高等学校公开了2015年度的财政拨款支出预算表，占测评总数的63.48%。其次，有74所高等学校分别公开了2014年度的收支决算总表、收入决算表、支出决算表和财政拨款支出决算表，占测评总数的64.35%。

7. 收费信息

收费信息的公开有助于加强对高等学校收费情况的监督，推进其收费工作的规范化改革，从而切实维护师生的经济利益。项目组考察了高等学校的收费项目、收费依据和标准等内容的公开情况。有 91 所高等学校公开了本校收费项目、收费标准和依据，占测评总数的 79.13%，比 2014 年相同指标的统计数字（65.22%）显著提升了 13.91%。

（四）管理与教学信息：教学质量信息公开较差

管理与教学信息版块的测评内容包括学风建设、教学质量、就业质量、奖学金与助学金发放以及奖惩制度及申诉办法的公开情况等。本版块的测评时间为 2015 年 9 月 1 日至 2015 年 9 月 21 日。

1. 学风建设

学风建设是高等学校开展校风建设的核心内容，高等学校的学风是否优良，直接关系到其教学质量。进而言之，学风不仅是建立良好校风的前提条件，也是大学生思想品德、学术精神与综合素质的重要体现，是学生成长和学校科研发展的基础和前提。然而，近年来高等学校频发的学术不端事件的负面影响较大，成为舆论焦点。针对上述情况，教育部在 2011 年就制定了《教育部关于切实加强和改进高等学校学风建设的实施意见》（教技〔2011〕1 号），要求加强学风建设，建立学风建设工作体系和学术规范教育制度，加强完备的科研管理制度等长效机制建设，并且通过公开学术不端行为事实和处理结果等信息以发挥社会公众的外部监督作用。因此，项目组围绕高等学校的学风建设机构和相关制度建设情况进行测评，发现目前有25所高等学校完全没有公开关于学风建设（或学术道德建设）机构和相关制度方面的任何信息，占测评总数的21.74%；另有6所高等学校的相关内容链接无效，占测评总数的5.22%。值得肯定的是，有84所高等学校不但通过信息公开专栏或相关专题栏目等公开了相关机构和机制信息，而且基本上都单独开辟了学风建设专栏，并将公开的内容细分为“学风建设机构”“学术规范制度”和“学术不端行为查处机制”等二级或三级栏目。

2. **教学质量**

教学质量的信息公开情况主要考察了2015年度高等学校公开主讲本科课程的教授占学校所有教授人数的比例和教授讲授本科课程占课程总数的比例。项目组考察了高等学校对上述内容的统计数据的公开情况，发现在测评期内仅有19所高等学校公开了2014—2015学年度主讲本科课程的教授占教授总数的比例和教授讲授本科课程占课程总数的比例，占测评总数的16.52%；而有高达96所高等学校没有公开相关内容和提供了无效的内容链接，占测评总数的83.48%（见图16）。

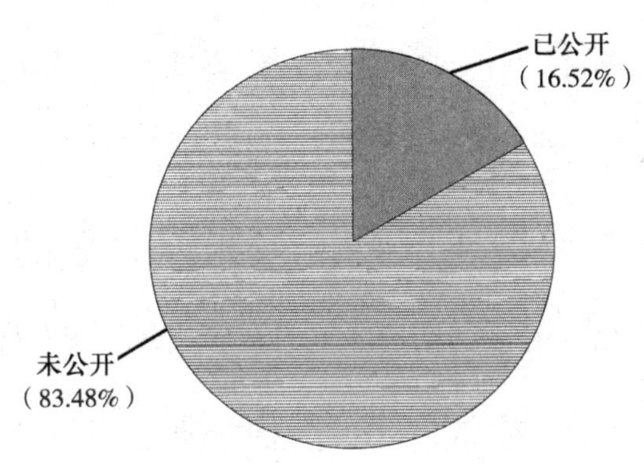

图16　2015年度高等学校主讲本科课程的教授占学校所有教授人数的比例和教授讲授本科课程占课程总数的比例的公开情况

3. **就业质量**

就业质量年度报告不仅能够反映高等学校毕业生的就业率，而且能够提供就业去向、就业结构等重要情报信息，可供高等学校就业管理部门分析就业形势以规划促进就业方案，并且能为在校生做好就业规划和考生选择专业、学校等提供必要的信息参考来源。测评发现，有84所高等学校提供了2015年度毕业生就业质量年度报告，占测评总数的73.04%；有7所高等学校提供的链接无效，占测评总数的6.09%；有24所高等学校无相关内容，占测评总数的 20.87%。

4. **奖学金与助学金发放**

奖学金制度和助学金制度对于激励大学生勤奋学习、积极进取以及帮扶困难学生继续学业、树立自立自强精神具有重要意义和作用。首先，在 2015 年度的学生奖学金信息公开方面，有 107 所高等学校在门户网站设立了奖学金与助学金相关栏目或网页，占测评总数的 93.04%，比 2014 年相同指标的统计结果（88.70%）略有进步；有 67 所高等学校在公开奖学金申请管理规定的同时公开了一年内申请获批的动态信息，占测评总数的 58.26%；而公开了奖学金申请管理规定但未公开一年内申请获批信息的高等学校有 35 所，占测评总数的 30.43%；有 8 所高等学校没有公开奖学金申请管理规定但有一年内申请获批的信息，占测评总数的 6.96%；还有 6 所高等学校没有公开任何相关信息，占测评总数的 5.22%。其次，在 2015 年度的学生助学金信息公开方面，有 48 所高等学校既公开了助学金申请管理规定又公开了一年内申请获批的动态信息，占测评总数的 41.74%；而只公开了助学金申请管理规定但未公开一年内申请获批信息的高等学校有 52 所，占测评总数的 45.22%。有 7 所高等学校没有公开助学金申请管理规定但有一年内申请获批的信息，占测评总数的6.09%；没有公开任何相关信息的高等学校有8所，占测评总数的6.96%。

5. **奖惩制度及申诉办法**

高等学校制定的学生奖惩制度规范以及相应的申诉处理办法，直接关系到学生的基本权利义务，通常受到学生乃至社会的广泛关注。测评结果显示，有95所高等学校开设了学生奖励处罚制度规范的相关栏目，并且内容链接有效，占测评总数的82.61%。此外，有98所高等学校公开了学生申诉办法等制度规范，占测评总数的85.22%，比2014年相同指标的统计结果（76.52%）提高了8.7%；而没有公开相关内容的17所高等学校只占测评总数的14.78%。

（五）人事师资信息：干部任免信息公开有待加强

高等学校是智力型人才密集的场所，其人事师资管理工作的成效好坏，会直接影响人才效益发挥的大小和知识向社会效益转化的程度。高等学校的人事师资管理工作还是推动和促进科研创新和教学质量发展的关键力量。进而言之，高等学校人事师资管理水平的提高离不开相关的信息公开工作，高等学校不但应通过公开人事师资信息来接受公众的监督，而且能通过这种监督作用找出人事管理中的问题，进而推动相关工作的改革和完善。项目组根据《高等学校信息公开办法》和《中共教育部党组关于进一步加强直属高等学校领导班子建设的若干意见》（教党〔2013〕39 号）等文件，设置了“人事师资信息”测评指标版块。该版块的测评内容主要包括：人事师资栏目、教职工争议解决办法、岗位管理制度规范、人事聘用任免信息、校领导信息。本版块的测评时间为 2015 年 9 月 24 日至 2015 年 10 月 25 日。

1. 人事师资栏目

在人事师资栏目的设置方面，有 105 所高等学校开设了相关人事师资的信息公开栏目，具体形式包括在信息公开目录中设置相关栏目链接或在门户网站开辟人事部门的专栏网页等，占测评总数的 91.30%；没有开设相关栏目的只有 3 所，占测评总数的 2.61%，另有 7 所的相关内容链接无效，占测评总数的 6.09%。

2. 教职工争议解决办法

高等学校的教职工争议解决办法是当代高校人事管理信息公开的重要内容。随着高等学校人事关系制度的改革，高等学校劳动人事关系争议逐渐增多、矛盾愈发突出。高等学校针对这一问题提出和制订了本校教职工争议解决办法，旨在通过制度手段依法及时化解矛盾，维护教职工的合法权益，减少劳动人事关系争议的成本，创新高等学校调解高智力人才劳动争议路径，为构建和谐校园奠定不可或缺的人事制度基础条件。项目组在测评中发现，有62所高等学校公开了教职工争议的解决办法，占测评总数的53.91%；有9所高等学校虽然有相关信息公开主题，但链接无效，占测评总数的7.83%；另有44所高等学校没有公开任何相关内容，占测评总数的38.26%（见图17）。

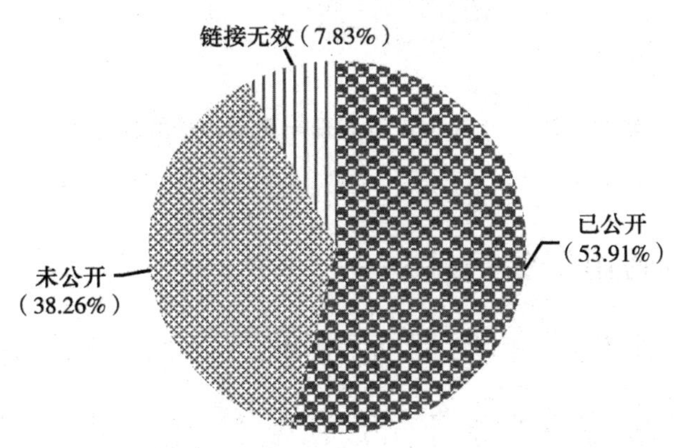

图17　2015年高等学校教职工争议解决办法的公开情况

3. 岗位管理制度规范

在人事工作建设的制度规范方面，有 100 所高等学校公开了岗位设置管理与聘用办法等相关内容，占测评总数的 86.96%；只有 5 所高等学校没有公开相关内容，占测评总数的 4.35%；还有 10 所高等学校提供的相关信息的链接无效，占测评总数的 8.69%（见图 18）。

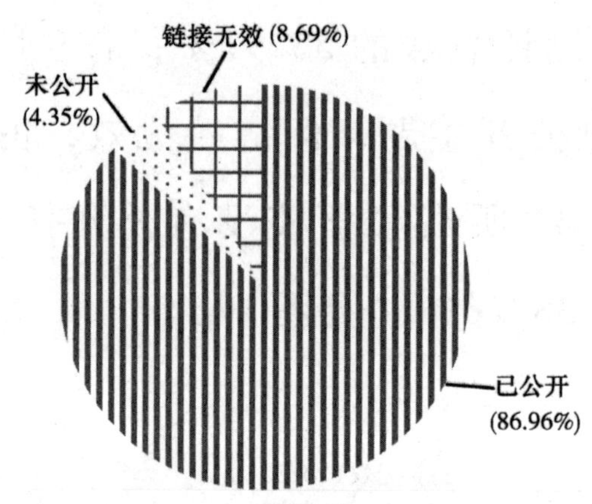

图 18　2015 年岗位设置管理与聘用办法的公开情况

4. 人事聘用任免信息

在校内中层干部的任免方面，有 58 所高等学校公开了 2015 年度的中层干部任免信息，占测评总数的 50.43%；另有 34 所高等学校仅公开了 2015 年之前的中层干部任免信息，占测评总数的 29.57%；有 16 所高等学校没有公开任何相关内容，占测评总数的 13.91%；有 7 所高等学校提供的相关信息的链接无效，占测评总数的 6.09%（见图 19）。

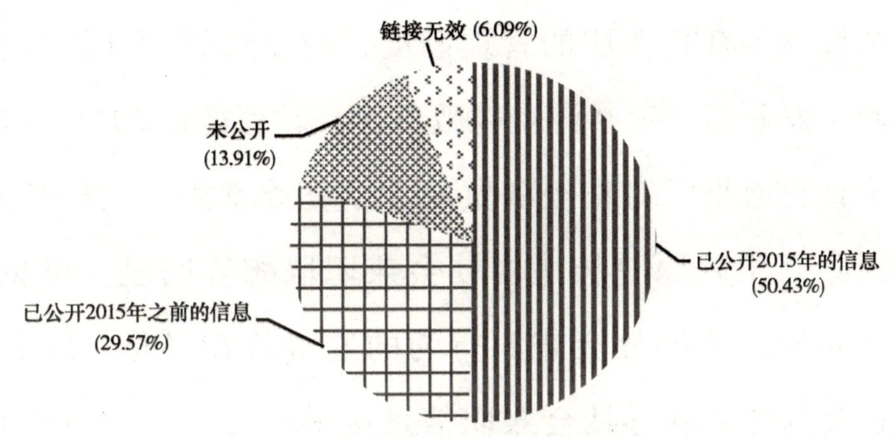

图 19　2015 年度高等学校中层干部任免的公开情况

在高等学校人才招聘方面，有 90 所高等学校公开了 2015 年度的师资招聘信息，占测评总数的 78.26%；有 11 所高等学校虽明确说明 2015 年度有招聘计划但实际未列明师资招聘的具体信息，占测评总数的 9.57%；没有公开任何相关内容的高等学校有 12 所，占测评总数的 10.43%；另有 2 所高等学校提供的相关信息链接无效，占测评总数的 1.74%。

5. 校领导信息

在校级领导的社会兼职方面，高等学校应加强党员领导干部的兼职管理，按照有利于提高教学科研质量、有利于产学研相结合、有利于服务经济社会发展的原则，健全校领导社会兼职的管理制度，防止校级领导因社会兼职引发利益冲突、滋生腐败事件。教育部在2015年12月1日曾通报了对外经济贸易大学党委常委、副校长和其国际商学院原院长违规社会兼职取酬等问题。可见，加强对校级领导社会兼职行为的监督势在必行。因此，通过公开校级领导社会兼职信息接受社会监督的意义重大。测评结果显示，2015年度有80所高等学校公开了全部校级领导的社会兼职情况，占测评总数的69.57%，与2014年相同指标的统计结果（63.48%）比较，没有很显著的提高。

在校级领导的因公出国（境）方面，有44所高等学校公开了校级领导2015年度的因公出国（境）情况，占测评总数的38.26%；有30所高等学校虽然没有公开2015年度的相关信息，但列明了2014年或更早年份的相关信息，占测评总数的26.09%；另有3所高等学校提供的相关信息链接无效，占测评总数的2.61%；有38所高等学校没有公开任何相关信息，占测评总数的33.04%，比2014年相同指标的统计数字（43.48%）明显下降了10.44%。

（六）信息公开专栏：建设水平不高，依申请公开问题较多

根据《高等学校信息公开办法》的规定，高等学校应根据实际情况，利用学校网站、校报校刊、校内广播等校内媒体和报纸、杂志、广播、电视等校外媒体以及新闻发布会、年鉴、会议纪要或者简报等方式公开信息，尤其是应当在学校的门户网站上设置信息公开专栏、建立有效链接，编制信息公开指南和目录等，并及时更新信息。从信息访问者的角度看，高等学校通过建设信息公开专栏履行主动公开和依申请公开的义务，可以为社会公众提供非常便利的信息访问、获取的平台，并且具有良好的可操作性。

从信息公开专栏的总体测评结果上看，高等学校通过信息公开专栏开展信息公开工作的路径模式正在逐步形成和完善。这一版块的测评内容主要包括信息公开栏目的设置情况、信息公开制度、信息公开指南、信息公

开目录、依申请公开、网站检索功能以及信息公开年度报告等。本版块的测评时间为2015年6月30日至2015年8月5日。

1. **信息公开专栏设置**

信息公开专栏是高等学校面向公众发布信息最集中的平台。此次测评中，高校信息公开专栏的设置情况整体良好，有102所高等学校的网站主页设置了信息公开专栏的快速链接，占测评总数的88.70%，同2014年相同指标的统计数字（87.83%）相比没有显著提高；只有11所高等学校未设置信息公开专栏或网页，占测评总数的9.57%；另有1所高等学校（四川农业大学）在其门户网页（包括新版和旧版）上虽然设有信息公开的栏目标题，但提供的链接无效。

值得注意的是，目前高等学校的信息公开专栏缺乏统一的栏目位置规范，在栏目访问的友好性方面有很大的改进空间。中国矿业大学和中国海洋大学等高等学校将信息公开专栏置于主页导航栏，这种栏目设置形式一目了然，比较便于公众访问。而其他部分高等学校则没有将信息公开专栏设为“一级栏目”：像中国传媒大学、大连海事大学、中国农业大学等将信息公开专栏设在

"学校概况"的下级菜单；中国科学技术大学的信息公开专栏设在旧版主页的"公共服务"栏目下；天津大学的信息公开专栏设在"访客版"主页的"生活服务"栏目下；清华大学将信息公开专栏放在"走进清华"栏目中的"实用信息"下的三级栏目；中央民族大学的信息公开专栏则"隐藏"在"管理机构"栏目中的"党委办公室、校长办公室"栏目下。上述栏目设置形式对于公众而言缺乏访问便利性，初次访问者通常需要借助搜索引擎才能找到相应栏目。此外，北京理工大学信息公开专栏中的项目设置未严格参照《高等学校信息公开办法》要求，只设置"数据发布"和"工作报告"两个子栏目，并且内容"简陋"，信息发布缺乏条理。

2. 信息公开制度

有84所高等学校公开了信息公开管理制度或相关文件，占测评总数的73.04%，同2014年相同指标的统计数字一致；有31所高等学校没有公开相关内容，占测评总数的27.00%。值得注意的是，部分院校仅公开了《政府信息公开条例》与《高等学校信息公开办法》，而没有根据本校具体情况有针对性地制定本校相应的管理制度文件，如苏州大学、中央音乐学院、东华大学、贵州大学、新疆大学、北京中医药大学等。

3. **信息公开指南**

高等学校制订的信息公开指南是社会公众了解和获取高等学校信息的向导。在《高等学校信息公开办法》中就明确规定："信息公开指南应当明确信息公开工作机构，信息的分类、编排体系和获取方式，依申请公开的处理和答复流程等。"测评结果显示，有85所高等学校公开了本校信息公开指南，占测评总数的73.91%，同2014年相同指标的统计数字一致；仍有30所高等学校未公开本校信息公开指南，占到测评总数的26.09%。公开相关信息的高等学校基本落实了《高等学校信息公开办法》对信息公开指南的规定，内容基本涉及信息公开工作机构、信息的分类，编排体系和高校信息获取方式的介绍等。

4. **信息公开目录**

信息公开目录是公众查询高等学校公开信息的快捷通道，层次分明、设置合理的信息公开目录能够方便公众获取信息。在《高等学校信息公开办法》中明确规定高等学校的信息公开目录应当包括"信息的索引、名称、生成日期、责任部门等"内容。有86所高等学校公开了符合要求的信息公开目录，并且点击目录能够有效链接到具体内容，占测评总数的74.78%，比2014年度相同指标的统计数字（66.09%）提高了8.69%；值得注意的是，有10所大学虽然公开了信息公开目录，但仅以表格的形式列举了公开事项名称和责任单位，点击后无法进一步链接到具体内容，占测评总数的8.70%；另有19所大学没有提供信息公开目录或提供的相关标题栏目链接无效，占测评总数的17.00%。

5. **依申请公开**

依申请公开制度允许公众向高等学校提出申请，以获取自己需要的信息。在保障公众知情权方面，是信息公开制度的核心，而在信息获取方式方面则是信息主动公开形式的有力补充。对高等学校依申请公开情况的测评内容包括高等学校信息公开执行部门受理、答复校内外申请人的信息公开申请的情况和相关收费、减免的规定和统计数据等。

首先，在开通依申请公开渠道方面，共有96所高等学校开通了依申请公开渠道，占测评总数的83.48%，比2014年相同指标的统计数字（75.65%）提高了7.83%。在上述开通依申请公开的高等学校中，有60所高等学校同时提供了当面申请、电子邮件申请、邮寄（包括电报、传真）等至少3种依申请渠道，占测评总数的52.17%；有36所高等学校只提供了1—2种申请渠道，占测评总数的31.30%；除1所高等学校提供的相关链接无效外，还有18所高等学校不接受信息公开申请，也未开通信息公开申请的任何渠道，占测评总数的15.65%（见图20）。

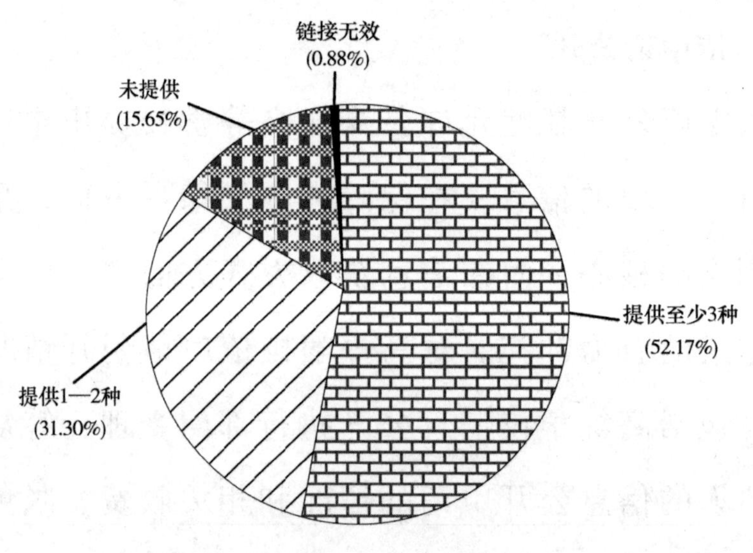

图20 高等学校开通的依申请公开渠道的情况

其次，在高等学校开通的依申请公开程序方面，有87所高等学校公开了依申请公开程序，占测评总数的75.65%，比2014年相同指标的统计结果（70.43%）提高了5.22%；另有28所高等学校未公开本校的依申请公开申请程序，占测评总数的25.00%。

再次，项目组为了验证依申请公开渠道的有效性和答复的规范性，于2015年6月30日至2015年11月9日期间，对所有提供依申请公开渠道的高等学校进行了实际验证。其中，一是以“高等学校毕业生就业情况”为申请内容，向提供了电子邮箱或网络平台的88所大学发送了电子申请；二是以“校领导社会兼职情况”为申请内容，用挂号信方式向提供了邮寄申请方式的91所高等学校发送了信息公开申请，并为全部被测高等学校预留了足够长的回复时间。从验证结果的总体情况看，依申请公开网络平台和邮寄渠道的回复率和规范性方面均存在着不容忽视的问题：

一是对于通过电子邮箱发出的申请回复率不高。虽然有83所高等学校开通了依申请公开的电子邮箱渠道，但是测评人员在验证期间发现南京大学、北京语言大学、中央戏剧学院、东南大学、北京体育大学、华中师范大学6所高等学校提供的电子邮箱地址无效，电子邮件无法送达。在显示发送成功的高等学校中，邮件回复情况也不乐观，电子邮箱渠道的依申请回复率很低，实际回复的高等学校仅有42家。此外，中央美术学院、电子科技大学、西南财经大学3所高等学校，虽然提供了依申请公开的专门电子邮箱，但是仅供咨询依申请公开的进度信息，并不接受通过电子邮箱方式发出的信息公开申请。

二是高等学校利用网络平台提供依申请公开服务的情况不十分理想。例如，测评人员在验证期间发现华东师范大学的网上平台无法成功提交信息公开申请；陕西师范大学只提供网络平台一种申请方式，并且未能在验证预留的回复期内对申请的信息给予回复。

三是通过邮寄途径提交的申请的回复率也较低。项目组在验证期间内发现提供了邮寄申请方式的91所高等学校中，除了北京师范大学提供的邮寄地址无效外，信件送达的90所高等学校中仅有45所作出了回复。其中，值得肯定的是，中国传媒大学和华中农业大学，它们在通过电子邮件方式给予回复后，还以电话方式确认了回复邮件是否送达，以确保信息申请人能够及时收到回复信息。

当然，信息公开申请回复的规范性问题也应加以重视。仅有中国传媒大学和复旦大学回复了加盖公章的

PDF 文档，答复程序较严谨，回复格式较规范。

在依申请公开的回复形式方面，除了多数通过电子邮件进行回复的高等学校外，东北师范大学、中国科学技术大学、北京体育大学、北京化工大学、西北农林科技大学、河海大学等少数高等学校以电话形式进行了回复。另外，东北农业大学等个别高等学校通过短信方式进行了简短回复。

在依申请公开的回复内容方面，多数高等学校提供了所申请信息的具体网址链接并附上了简短的说明文字。然而，南开大学在回复中所提供的网站链接无法检索到所申请的信息。北京中医药大学、天津医科大学等部分高校，只在电子邮件中告知请自行到学校信息公开网上查询，而没有进一步说明申请信息的具体位置。

在依申请公开的受理时间方面，某些高等学校的相关回复工作因学校假期影响而存在严重的延滞现象。例如，四川大学在电话回复测评人员的依申请公开时告知因相关负责人员休假，建议 9 月初开学重新进行申请。

需要指出的是，目前一些高等学校的依申请公开工作部门并没有很好贯彻“公开是常态、不公开是例外”的原则。在实际验证过程中，尽管测评人员已按照被测高等学校要求，线上填写或提供了详细的身份证明材料和信息用途说明，并且为降低对方的“回复难度”，特地将本次测评的信息申请内容选定为《高等学校信息公开事项清单》中规定的应主动公开的信息内容。但是，仍有如暨南大学、浙江大学、厦门大学和北京体育大学等高等学校在答复中要求提供“更详细”的信息用途证明材料和申请人的工作单位证明材料。其中，西北农林科技大学的相关人员在电话回复中反复追问测评人员的身份来历，并要“申请人”到学校信息公开网上自行查询，在测评人员坚持之下才勉强告知相关信息的网页链接。

6. **网站检索功能**

高等学校的门户网站检索功能是社会公众检索高等学校相关信息最便捷、最直接的渠道之一，不但可以方便公众在海量信息中高效查询所需内容，而且能够在一定程度上弥补信息主动公开路径建设不完善之处。项目组在测评中发现，高等学校门户网站检索功能设置情况不尽理想。有70所高等学校在其主页上提供了有效的搜索引擎，占测评总数的60.87%，其中，有19所高等学校提供了有效的组合检索，占测评总数的16.52%，相比2014年只有6所高等学校提供有效组合检索的情况有明显进步；提供了有效的简单检索的高等学校有51所，占测评总数的44.35%；还有25所高等学校虽然在主页设置了搜索引擎，但检索链接无效，占测评总数的21.74%；另有20所高等学校主页没有设置搜索引擎，占测评总数的17.39%。

总之，高等学校在信息公专栏的网页位置设计、公开形式的规范性、依申请公开渠道的有效性和主页搜索引擎的功能设置等方面，还亟须进一步改进和完善。

（七）年度报告：按时发布率低，表述内容略显空洞

由于教育部2015年专门发文要求加大信息公开年度报告的发布工作，本年度的报告特专门对各高等学校发布本校年度报告的情况进行分析。高等学校信息公开工作的年度报告（以下简称“年度报告”），既是向本校师生和社会公众递交的一份年度信息公开工作的成绩单，也是其总结工作经验、反省工作问题，进而提出相关改进意见的信息公开工作的方法，对于深入、规范和有序推进高校的信息公开工作而言至关重要。因此，各个高等学校应认真和及时地做好本校信息公开工作年度报告

的编制与发布工作。

根据教办厅函〔2015〕48号文的具体要求，对高等学校2014—2015年度信息公开报告的测评内容包括信息公开年度报告栏目设置情况（或可链接标题的设置）、报告按时发布和公开格式情况说明、工作开展的总体情况说明、主动公开的形式说明、清单所列事项说明、重点公开事项说明、依申请公开的数量和分类情况说明、依申请公开的答复情况说明、不予公开的理由说明、依申请公开的收费及减免说明、对信息公开工作的评议情况说明、因信息公开工作受举报情况说明、信息公开工作的经验、问题和改进措施的说明。该部分的测评时间为2015年10月26日至2015年11月9日。

1. **信息公开年度报告栏目**

在学校门户网站设置信息公开年度报告的相关栏目有助于集中发布报告，方便公众查询。实际上，超过半数的高等学校在其信息公开专栏的醒目位置开辟了相关的子栏目。项目组在测评中发现有80所高等学校专门开设了年度信息公开报告栏目（或设置相应的链接标题）并且链接有效，占测评总数的69.56%；但仍然有33所高等学校没有设置相关栏目，占测评总数的28.70%。

这些学校通常只是在年度报告发布期间将报告置于信息公开专栏的信息发布窗口中，如果公众想在非发布期间查找特定年度的信息公开年度报告就只有通过搜索引擎或依申请公开途径，这似乎反映出该校在信息公开年度报告方面接受公众监督的“友好性不够”。此外，有2所高等学校虽然设置了相关栏目（或设置链接标题）但在测评期间链接无效，占测评总数的1.74%。以上情况说明高等学校的信息公开年度报告的栏目建设还不完善，应引起重视。

2. **按时发布及公开格式情况**

根据教办厅函〔2015〕48号文的要求，高等学校应于2015年10月31日前在本校门户网站的相关栏目上公开2014—2015学年度信息公开年度报告。然而，尽管项目组将测评期限在教育部通知的发布截止期限基础上延长了一周时间，但高等学校的按时发布情况并不理想。根据项目组测评统计，仅有55所高等学校于10月31日前在其门户网站公布了年度报告，总体比例不足测评总数的一半，仅占43%；其余高等学校均未在教育部规定期限内及时发布报告，截止到2015年11月9日，总共有84所高等学校公开了2014—2015年度信息公开报告。

需要指出的是，在规定期限内发布了年度报告的55所高等学校当中，有43所高等学校标明了其报告数据的统计起止时间，即符合教办厅函〔2015〕48号文规定的自2014年9月1日至2015年8月31日的统计期间。

从测评结果看，年度报告的发布格式主要有三种：网页浏览（html）格式、PDF格式和WORD格式。其中，有19所高等学校为方便社会公众阅读和下载报告，同时提供了网页浏览（html）和其他下载格式（PDF格式和WORD格式），占测评总数的16.52%；有55所高等学校提供了基本的网页浏览格式，占测评总数的47.83%；还有包括中国地质大学（北京）、湖南大学、华南师范大学等在内的10所高等学校只提供了PDF或WORD等下载格式，占测评总数的8.70%。

3. 工作开展的总体情况说明

按照教办厅函〔2015〕48号文要求，年度报告的开篇概述部分应当反映本学年度信息公开工作开展的总体情况，包括推动清单落实情况、完善制度机制情况、开展宣教培训情况，等等。测评结果显示，有73所高等学校比较系统地说明了2015年度信息公开工作开展的总体情况，占测评总数的63.48%。各高等学校实际公布的年度报告的概述部分主要有以下几种说明形式：一是围绕推动清单落实和制度机制完善情况进行说明；二是从本年度信息公开工作建设出发，对清单落实情况、完善机制情况、宣讲培训情况均有陈述；三是仅强调完善信息公开制度的情况，缺少对清单项目落实和相关宣讲培训工作的说明等。总之，各高等学校对年度信息公开工作总体开展情况的说明还缺乏相对统一的格式规范。

4. 主动公开的形式说明

教办厅函〔2015〕48 号文要求各高等学校应当在年度报告中说明其通过学校网站、校报校刊、新闻发布会、微博、微信等形式主动向校内和社会公开相关信息的情况及统计数据。有 75 所高等学校不但说明了本校通过网站、校报校刊、微博、微信等形式的主动公开情况，并且附上了具体的统计数据，占测评总数的 65.22%；而说明本校通过校网站、微博、微信等形式主动公开情况但缺乏具体统计数据的高等学校只有 5 所，占测评总数的 4.35%；完全没有说明主动公开形式和相关统计数据的高等学校也只有 4 所，占测评总数的 3.48%。上述测评结果说明，超过半数的高等学校正在逐步通过多种形式手段开展信息的主动公开工作，当代前沿的自媒体平台和移动网络平台等都将成为高校今后信息主动公开工作的重要形式。

5. **清单所列事项说明**

根据教办厅函〔2015〕48 号文的要求，项目组考察了发布本年度信息公开报告的高等学校是否逐项说明了公开清单所列事项的情况以及是否附上了相关链接。测评结果显示，有 43 所高等学校在逐项说明了信息公开专栏清单所列事项的同时附上了相关链接，占测评总数的 37.39%；有 11 所高等学校虽然逐项说明了信息公开清单所列的事项，但没有提供链接或提供了无效的链接，占测评总数的 9.57%；此外，包括西南交通大学在内的 21 所高等学校，仅说明了信息公开清单所列的部分事项，占测评总数的 18.26%；另有 9 所高等学校没有关于清单所列事项的任何说明，占测评总数的 7.83%。值得肯定的是，包括中国海洋大学在内的部分高等学校在报告正文后面单独附有详细完整的信息公开清单，并且所列项目的链接迅速有效，查询效果很好。因此，高等学校关于逐项说明清单所列事项的落实情况参差不齐，今后需要进一步明确这一内容的公开标准，进一步细化说明项目。

6. 重点公开事项说明

根据教办厅函〔2015〕48号文要求，项目组考察了高等学校在招生、财务等人民群众广泛关注的重点领域信息公开的说明情况和特色做法。测评结果显示，有36所高等学校说明了招生、财务等重点领域的信息公开情况和特色做法，占测评总数的31.30%；有34所高等学校虽然在报告中提及招生、财务等重点领域的公开情况，但没有突出说明特色做法，占测评总数的29.57%；有14所高等学校没有说明重点领域的公开情况和特色做法，占测评总数的12.17%。需要指出的是，上述高等学校关于重点领域公开事项的特色做法的说明存在一定程度的雷同现象。当然，也有部分高等学校说明的重点领域公开办法确实具有创新特色，如复旦大学在说明招考信息公开事项的特色做法时提出，其在研究生考试命题中实行“飞行检查”和在面试环节中实行面试巡视制度，还有浙江大学在财务信息公开领域说明中提出了“预算、决算进行文字说明，方便公众阅读辨识”的特色做法，等等。

7. 依申请公开情况说明

首先，在说明依申请公开的数量和分类情况方面，有75所高等学校说明了依申请公开的数量，占测评总数的65.22%；有52所高等学校还进一步按照申请主体、内容和方式等对本校的依申请公开进行了具体的分类统计，占测评总数的45.22%。

其次，在说明依申请公开的答复情况方面，测评结果显示，共有73所高等学校说明了依申请公开的答复情况，占测评总数的63.48%。值得注意的是，在上述高等学校中普遍存在着对答复情况的说明过于简单的问题，例如在报告中会使用“依申请信息均已答复”这样的表述语言，并未针对具体的依申请公开事项进行分类说明，也没有公开答复结果的具体情况。当然，也有一些高等学校对相关答复情况的说明比较具体清晰，例如上海财经大学虽然在2014—2015学年度收到信息公开申请较少，但该校通过统计表格将申请内容、处理结果一一列出，说明清晰。此外，中国政法大学在收到的信息公开申请相对较多的条件下，按照“公开/已主动公开/不属于本校公开范围”的分类方式通过图表详细说明了答复情况，内容具体，形式严谨。

再次，在说明不予公开的理由方面，存在不予公开情况的23所高等学校中，有16所明确说明了不予公开的理由，占测评总数的 13.91%。需要强调的是，很多高等学校在说明如何答复信息公开申请时，往往过于笼统，如使用“已全部答复”等表述，没有严格规范地说明“没有不予公开的情况”。尤其是部分高等学校会使用“有效申请共 X 封（电子邮件或信函等），已全部答复”的表述形式，这实际上省略了表述中“隐含”的关于“无效申请”的说明，即省略了“判定 XX 为无效申请或拒绝 XX 申请”的理由的说明。

最后，在说明依申请公开收费、减免情况方面，有 57 所高等学校说明了依申请公开的收费和减免情况，占测评总数的 49.57%；还有 27 所高等学校没有关于收费、减免情况的任何说明，如中国人民大学、吉林大学、中央戏剧学院、陕西师范大学等，占测评总数的 23.48%。还需指出的是，上述给予相关说明的高等学校在具体表述形式上过于简单化，欠缺严谨性和规范性，即通常使用诸如“本年度信息公开申请均免费”或“本年度无信息公开收费、减免情况”等表述形式。

8. 信息公开工作评议和受举报情况的说明

在说明高等学校信息公开工作的评议情况方面，共有 63 所高等学校在报告中对本校信息公开的评议情况作了说明，占测评总数的 54.78%。其中，只有 22 所高等学校详细说明了校内师生和社会公众对本校信息公开工作的评价情况，说明内容涉及本校开展相关评议工作的调查对象、具体工作途径和开展过的评议活动等，占测评总数的 19.13%；另外 41 所高等学校虽有相关评价情况的说明，但在表述上往往几语带过，非常笼统，占测评总数的 35.65%。此外，除有 2 所高等学校仅指出“未收到评价”外，完全没有说明相关评价情况的高等学校有 19 所，占测评总数的 16.52%。在因信息公开工作受举报情况说明方面，在测评期间内发布了年度报告的高等学校当中，有 80 所对信息公开工作是否受到举报的情况做出了说明，占测评总数的 69.57%。

值得注意的是，各高等学校对其信息公开工作接受社会公众和校内师生评议情况的说明存在一定程度的形式主义问题，表述笼统，缺乏具体内容。例如，一些缺乏相关情况说明的高等学校试图以说明信息公开制度建设做法来代替接受公众评议情况，如使用“学校积极组织自查、优化网站内容、全面监督”等表述形式，或者反复强调“全民参与、领导带头、征求社会公众意见”等口号式话语，却找不到任何关于本校评议活动的开展情况以及收集归纳出的批评意见和工作建议等。

9. 主要经验、存在的问题和改进措施说明

根据教办厅函〔2015〕48 号文的要求，高等学校应当在年度报告中总结本年度信息公开工作的主要经验，并在此基础上发现问题，并且提出相应的改进措施。项目组在测评过程中发现，在测评期内发布了年度报告的 84 所高等学校中，只有 20 所高等学校说明了信息公开的主要工作经验，占测评总数的 17.39%；有 70 所高等学校说明了本校信息公开工作的主要问题，占测评总数的 60.87%；有 76 所高等学校说明了本校信息公开工作的改进措施，占测评总数的 66.09%。

需要指出的是，很多高等学校对信息公开工作中存在的问题的表述过于抽象笼统，提出的改进措施也缺乏问题针对性和可操作性，对此，前文已作介绍。当然，也有一些高等学校在报告中所说明的问题和改进措施具体清晰，具有针对性和可操作性。例如，西南大学指出其信息公开工作中存在的问题之一是“二级单位缺乏专职工作人员全力投入该项工作”且“兼职工作人员业务水平有待提高”等，并且有针对性地提出措施——“成立学校信息科。推进校级信息公开工作人员专职化等”以及“安排信息公开工作人员赴其他高校学习先进经验和做法，邀请相关领导和专家开展全校性业务培训”，等等。

五　问题的深层诱因

上述在测评过程中暴露出的种种问题有着深层根源。毋庸讳言，当前的中国高等学校在履行信息公开义务、推进信息公开工作中的动力，大部分来自教育行政主管部门的行政推动，而其自身的内在动力往往不足，尤其是对高等教育信息公开工作的重要意义理解不深，缺乏在发展和建设世界一流大学和一流学科的总目标下贯彻履行信息公开义务的正确观念。如果我们进一步剖析这种观念缺失的根源，那么就会得到如下“病理分析”。

（一）某些“名校”没有意识到教育透明度的重要性

某些高等学校（尤其是国家重点扶持的所谓“名校”或“大户”）没有充分认识到“教育透明度”实际上是建设国际高水平大学的一项重要无形资产。实际上，一所高等学校的信息公开工作水平和教育透明度的高低，能有效折射出其内部治理结构优劣、领导班子的廉洁性、学风建设情况以及整体学科建设发展水平等核心要素，而这些要素恰恰是高等学校建设世界一流大学的引擎的基本组成部分。

进而言之，高等学校信息公开工作水平的高低和教育透明度的好坏，不但直接关系到它在社会公众心目中的形象、地位和影响力，而且直接关系到它对包括智力资源在内的广泛社会资源的吸引力和凝聚力。因为，具有积极正能量的社会资源很难流向一所信息不透明、缺乏基本“资信”预期的“暗箱式高校”。然而，某些所谓的“研究型名校”似乎只把注意力集中在学科建设、科研实力发展和学生就业率等方面，以迎合当代中国评价高等学校发展水平的“硬指标”——学术科研成果、师资力量、国内和国际影响力等。尤其是某些高校在其办学理念中仅仅将发展高端学术成果、提升高考录取提档分数排名和扩大社会影响力等作为目标，殊不知信息公开工作和教育透明度在扩大社会影响力中的基础性地位。

某些高等学校即使作为教育资源“大户”，拥有最好的科研设施条件、最好的生源和智力资源，无论是从逻辑上还是从实际情况上看，也都不必然意味着其学生培养也是最好的，更不代表其可以不做好信息公开工作。

反之，如果教育资源“大户”始终不重视自身信息公开工作的建设，不屑于提高其教育透明度，那么长此以往必然会失去公众对它的信任，其社会影响力和吸引力也会随之下降，继而导致其相关资源流入减少，最终它拥有的所谓“天然优势”或“既得有利条件”也将会被其他竞争者所超越。

（二）高等学校评价机制中缺少信息公开维度

部分高等学校对信息公开工作重视不够，并且缺乏推进相关工作的内在动力，究其根源还在于目前的高等学校评价机制中恰恰缺乏高等教育透明度或高校信息公开工作的维度。抓好信息公开工作、提升高等教育透明度是提升高等学校内部治理质量和自身治理能力的关键路径。进而言之，为创建世界一流大学和建设一流学科努力推进依法治校，促进学术自由，提升教学科研水平，必须转变传统的、封闭的“小圈子”管理理念与“暗箱”管理方式，要大力提升和尊重学校师生的主人翁地位，切实保障社会公众对高等学校办学过程的知情权。高等学校同政府、法院等公权力机关在推进信息公开工作、加强自身透明度的层面上拥有相同的地位，《政府信息公开条例》第三十七条中规定：包括教育等与人民群众利益密切相关的公共企事业单位在提供社会公共服务过程中制作、获取的信息的公开，应参照本条例执行。并且，教育部制定的《高等学校信息公开办法》和《高等学校信息公开事项清单》已经为高等学校信息公开工作提供了具体的行动路线和细化的任务目标。这些恰恰为将高等教育透明度或信息公开工作纳入高等学校建设水平的评价机制，提供了基础性的制度准备。因此，如果中国高等学校在争创世界一流大学和世界一流学科的总体方案下，不能将透明度建设或信息公开工作纳入自身的评价机制和绩效考评体系，那么就将错失一种对于完善自身治理体系、提升管理方式而言的重要机制性保障，继而也就意味着中国高等学校有可能失去实现上述总体方案目标的核心竞争力。

（三）部分高等学校缺乏清晰明确的信息公开流程规范

部分高等学校缺乏明确的信息公开工作的流程规范，其内部各部门之间的权责界定不够清晰以及缺少牵头部门等问题，导致了信息公开上网工作推动无力。从高等学校目前信息公开的实践来看，校园信息上网工作需要具备如下程序环节：一是高等学校相关业务部门对信息公开内容的制作（包括拟订、撰写信息和相关数据统计等)；二是高等学校的相关负责人对信息公开内容的合法性、规范性进行审核；三是高等学校的门户网站运行部门根据信息公开内容发布到相应的栏目。然而，在部分高等学校信息公开的实际工作当中，《高等学校信息公开事项清单》所规定的事项没有完全对应于相关业务部门，甚至缺少信息公开的牵头部门，这就严重影响了高等学校信息公开工作的推进步伐。因此，建立和完善程序规范、权责清晰明确的高校信息公开的流程机制，将是确保《高等学校信息公开事项清单》中规定的内容能够及时、准确地向社会公布的前提条件。

六 措施建议

（一）将透明度纳入高等学校建设的核心绩效考核指标

建议教育行政主管部门将高等教育透明度作为评估高等学校建设水平的核心绩效指标，探索建立高等学校透明度分级认证体系。《统筹推进世界一流大学和一流学科建设总体方案的通知》给予我们的一个重要启发是，它尤其突出“以绩效为杠杆”的导向，即通过建立健全绩效评价机制，动态调整对高等学校的支持力度，不断完善政府、社会、学校相结合的共建机制，形成多元化投入、合力支持的格局。当然，这种共建机制或社会参与机制的题中应有之义就是公众对高等教育透明度的诉求，也意味着高等学校信息公开工作必将作为高等学校整体绩效考核的关键要素。换而言之，在政府、社会和学校多元评价机制的基础上，通过把高等学校信息公开工作纳入到对高等学校整体建设水平的绩效考核的核心项中，根据各高等学校信息公开工作绩效的优劣，动态调整对其资源支持的力度。因此，教育行政主管部门可以协同第三方评估机构，按照《高等学校信息公开办法》《高等学校信息公开事项清单》以及相关法规依据的要求，对高等学校的信息公开工作进行考评和定级，并可尝试采取根据考评定级结果在高校网站上“挂标”的形式。

(二) 进一步细化高等学校信息公开的工作标准

建议进一步细化高等学校信息公开的工作标准，加强规范信息公开平台或渠道口径。针对当前高等学校信息公开口径缺乏统一规范、客观造成公众访问友好性差等问题，建议教育行政主管部门根据实际情况出台更细化的相关工作标准，统一信息公开栏目规范。进而言之，这种工作标准和栏目规范应当以资源整合、服务便利和标准统一为基本原则，并将其用于指导《高等学校信息公开事项清单》所列具体事项的公开办法上，对各项公开内容的开放渠道或栏目进行科学合理的归类，最终形成以《高等学校信息公开办法》为主干的各高等学校统一的“高校信息公开树形结构图”。需要指出的是，在形成这样一种标准化规范的过程中，需要建立高等学校之间的“信息公开工作建设对话机制”或“高校信息公开共建网络”：这种对话机制或共建网络可以推动高等学校就不同信息开放标准、信息公开路径差异、信息公开数据安全、依申请公开实践困难等问题进行讨论交流和对策磋商。在此基础上，建议教育行政主管部门应尽快推出诸如“高等学校信息公开专栏建设标准规范”等信息公开栏目的平台样本，以指导和统一各高等学校信息公开专栏的建设步伐，提升相关专栏建设的规范化程度。

（三）构建高等学校信息公开的动态监管机制和绩效考核平台

建议教育行政管理部门和各高等学校共同探索构建高校信息公开的动态监管机制以及高等学校信息公开的绩效考核平台。针对某些高等学校对信息公开工作不重视，发布信息（如年度报告等内容）延时以及推动平台建设不积极等问题，建议教育行政主管部门探索设立针对高等学校信息公开的动态监管机制和绩效考核平台。这种动态的监督、监管机制可以采取“二轨并行，双重监管”的形式：一是高等学校自身建立信息公开工作的自查机制，对本校信息公开的日常工作，尤其是对重点信息公开领域和依申请公开领域的信息发布，实施动态检查；二是教育行政主管部门采用大数据等前沿信息化手段，对高等学校的信息公开工作进行定期、定主题和定范围的动态监督，逐步增强信息公开监管的力度。总之，通过建立针对高等学校信息公开情况的动态监管机制，不但能推动高等学校重视自身信息公开工作的建设水平，而且能通过对高等学校相关工作绩效的评估促使其产生内在的工作动力，不断提升服务公众的意识，最终达到高等学校信息公开的“一站式服务”水平。

（四）建立高等学校信息公开的经验交流机制

建议教育行政主管部门牵头建立高等学校信息公开经验交流机制，推动发达地区和欠发达地区高等学校的信息公开建设同步发展。针对目前发达地区（直辖市和东部沿海地区）和欠发达地区（西部及边远地区）高等学校信息公开栏目建设水平和业务工作水平的差异情况，建议教育行政主管部门牵头建立地区间高等学校的信息公开经验交流机制。高等学校信息公开经验交流机制可包含两个层面：一是由教育行政主管部门牵头组织高等学校信息公开负责人开展相关管理经验交流论坛；二是高等学校推选本校从事信息公开工作的业务骨干（包括相关行政服务和技术骨干）到其他信息公开工作先进高校或单位进行挂职锻炼和短期培训。总之，定期组织开展高等学校信息公开工作的研讨和交流活动，在相关活动中促进高校间相互学习先进、典型和优秀做法，逐步推动信息公开的工作水平。

（五）建立健全信息公开业务培训和考核体系

建议教育行政主管部门和高等学校相关行政管理部门应加强对高等学校信息公开工作的培训力度，探索建立系统的信息公开业务培训和相应工作人员的考核机制。具体内容可包括定期组织高等学校相关负责人和业务骨干参加信息公开业务培训班，可以邀请信息公开领域的法律、技术方面的专家、政府信息公开工作人员、高等学校信息公开先进示范单位等，从各自不同领域或角度讲授信息公开管理技术、培训相关业务知识和信息公开平台建设方法，等等。此外，针对高等学校信息公开网络平台建设水平低的问题，通过开设“信息公开＋网络技术”等主题培训，逐步推动高等学校相关网站的建设水平以及相关人员的技术水平和业务能力。

（六）倚重高等学校网络平台推进信息公开工作

高等学校门户网站应作为高等教育信息公开的主要平台和基本渠道，因此高等学校应进一步加强信息公开专栏等载体建设，提升主动公开和依申请公开的工作服务质量。诚然，如果参考《政府信息公开条例》中第十五条关于行政机关主动公开政府信息的形式的规定，则高等学校通过自身门户网站、校报校刊、校园广播或电视以及召开新闻发布会等方式公开信息，都是其信息公开工作的题中应有之义。但是，高等学校习惯于使用校报、校园广播或校园电视等信息公开载体，不利于广大校外的社会公众进行访问查询，也不利于对相关信息进行网络转载以扩大公众监督面。另外，随着移动互联网技术的发展，微博、微信等新媒体（或自媒体）形式已被社会公众广泛接受和使用，高等学校通过微博、微信主动公开信息的方式受到在校青年学生的欢迎。虽然微博、微信在信息传播速度和界面友好性上具有一定优势，但其往往囿于自身信息碎片化的特质，并不利于全面系统地展现信息公开的内容。与上述传统媒体方式和新媒体方式相比，高等学校的门户网站和其信息公开栏目则具有体系化、专题突出、展现形式灵活、转载方式便利等特点，特别是其信息整合优势非常突出，便于社会公众即时访问、查询系统的信息公开内容。一言以蔽之，各高等学校在今后的信息公开工作中，均应把门户网站和信息公开专栏作为最主要的信息公开路径。

延伸阅读

教育部关于公布《高等学校信息公开事项清单》的通知

教办函〔2014〕23号

各省、自治区、直辖市教育厅（教委），各计划单列市教育局，新疆生产建设兵团教育局，有关部门（单位）教育司（局），部属各高等学校：

为进一步推进高校信息公开工作，扩大社会监督，提高教育工作透明度，根据《中华人民共和国政府信息公开条例》《高等学校信息公开办法》，我部研究制定了《高等学校信息公开事项清单》（以下简称清单）。现予公布，并就有关事项通知如下。

一、确保信息真实及时。各高校要把清单实施工作作为完善内部治理、接受社会监督的重要内容，对清单所列各项信息公开的真实性、及时性负责，切实保障人民群众的知情权、参与权和监督权。公民、法人或者其它组织有证据证明公开的信息不准确的，高校应当及时予以更正；对公开的信息有疑问的，可以申请向高校查询。

二、建立即时公开制度。各高校应当在清单信息制作完成或获取后20个工作日内公开，信息内容发生变更的，应当在变更后20个工作日内予以更新。各事项公开的具体要求，遵照清单“有关文件”栏目所列文件的规定执行。各高校可在清单基础上进一步扩大公开范围，细化公开内容。教育部还将根据最新政策要求对清单进行动态更新。

三、完善年度报告制度。各高校应当编制学校上一学年信息公开工作年度报告，对清单所列信息的公开情况逐条详细说明。年度报告应当于每年10月底前向社会公布，并报送所在地省级教育行政部门和上级主管部门备案。

四、构建统一公开平台。2014年10月底前，部属高校应当在学校门户网站开设信息公开专栏，统一公布清单各项内容。应充分利用新闻发布会及微博、微信等新媒体方式，及时公开信息，加强信息解读，回应社会关切。教育部将在部门户网站集中添加教育部直属高校信息公开专栏链接，为社会公众查询提供统一入口。

五、加强公开监督检查。要根据《高等学校信息公开办法》要求，高校监察部门会同组织、宣传、人事等机构及师生员工代表，对清单实施开展监督检查，省级教育行政部门负责本行政区域内高校日常监督检查，监督检查的结果要向社会公开。对于不按要求公开、不及时更新、发布虚假信息的，由省级教育行政部门责令改正；情节严重的，予以通报批评，并依法追究相关人员责任。教育部将引入第三方对教育部直属高校落实情况开展评估，并适时组织督查，评估和督查情况将向社会公开。

教育部直属高校要制定落实细化方案，明确清单各事项的公开时间、责任机构和责任人。地方高校和有关部门所属高校根据各省级教育部门和主管部门（单位）教育司（局）要求做好清单落实工作。

附件：高等学校信息公开事项清单

教育部

2014 年 7 月 25 日

附 件

高等学校信息公开事项清单

（共10大类50条）

序号	类 别	公开事项	有关文件	指导司局
1	基本信息（6项）	（1）办学规模、校级领导班子简介及分工、学校机构设置、学科情况、专业情况、各类在校生情况、教师和专业技术人员数量等办学基本情况	《高等学校信息公开办法》（教育部令第29号） 《高等学校章程制定暂行办法》（教育部令第31号）	办公厅 政法司
		（2）学校章程及制定的各项规章制度		
		（3）教职工代表大会相关制度、工作报告	《学校教职工代表大会规定》（教育部令第32号）	政法司
		（4）学术委员会相关制度、年度报告	《高等学校学术委员会规程》（教育部令第35号）	
		（5）学校发展规划、年度工作计划及重点工作安排	《高等学校信息公开办法》（教育部令第29号）	规划司
		（6）信息公开年度报告	《教育部办公厅关于做好2012—2013学年度高校信息公开年度报告工作的通知》（教办厅函〔2013〕48号）	办公厅

续表

序号	类别	公开事项	有关文件	指导司局
2	招生考试信息（8项）	(7) 招生章程及特殊类型招生办法，分批次、分科类招生计划	《国务院办公厅关于印发当前政府信息公开重点工作安排的通知》（国办发〔2013〕73号） 《高等学校信息公开办法》（教育部令第29号） 《教育部关于进一步推进高校招生信息公开工作的通知》（教学函〔2013〕9号） 《普通高等学校招生违规行为处理暂行办法》（教育部令第36号）	学生司 规划司
		(8) 保送、自主选拔录取、高水平运动员和艺术特长生招生等特殊类型招生入选考生资格及测试结果		
		(9) 考生个人录取信息查询渠道和办法，分批次、分科类录取人数和录取最低分		
		(10) 招生咨询及考生申诉渠道，新生复查期间有关举报、调查及处理结果		
		(11) 研究生招生简章、招生专业目录、复试录取办法，各院（系、所）或学科、专业招收研究生人数	《教育部关于做好2014年全国硕士学位研究生招生工作的通知》（教学〔2013〕12号） 《教育部办公厅关于做好2014年硕士学位研究生招生考试执法监督工作的通知》（教监厅〔2013〕2号）	
		(12) 参加研究生复试的考生成绩		
		(13) 拟录取研究生名单		
		(14) 研究生招生咨询及申诉渠道		

续表

序号	类别	公开事项	有关文件	指导司局
3	财务、资产及收费信息 （7 项）	（15）财务、资产管理制度	《高等学校信息公开办法》（教育部令第 29 号）	财务司
		（16）受捐赠财产的使用与管理情况		
		（17）校办企业资产、负债、国有资产保值增值等信息		
		（18）仪器设备、图书、药品等物资设备采购和重大基建工程的招投标		
		（19）收支预算总表、收入预算表、支出预算表、财政拨款支出预算表	《国务院办公厅关于印发当前政府信息公开重点工作安排的通知》（国办发〔2013〕73 号） 《高等学校信息公开办法》（教育部令第 29 号） 《教育部关于做好高等学校财务信息公开工作的通知》（教财〔2012〕4 号） 《教育部关于进一步做好高等学校财务信息公开工作的通知》（教财函〔2013〕96 号）	
		（20）收支决算总表、收入决算表、支出决算表、财政拨款支出决算表		
		（21）收费项目、收费依据、收费标准及投诉方式	《高等学校信息公开办法》（教育部令第 29 号）	
4	人事师资信息 （5 项）	（22）校级领导干部社会兼职情况	《中共教育部党组关于进一步加强直属高等学校领导班子建设的若干意见》（教党〔2013〕39 号） 《中共教育部党组关于进一步加强直属高校党员领导干部兼职管理的通知》（教党〔2011〕22 号）	人事司 教师司
		（23）校级领导干部因公出国（境）情况		
		（24）岗位设置管理与聘用办法	《高等学校信息公开办法》（教育部令第 29 号） 《党政领导干部选拔任用工作条例》 《事业单位公开招聘人员暂行规定》（人事部令第 6 号）	
		（25）校内中层干部任免、人员招聘信息		
		（26）教职工争议解决办法		

续表

序号	类 别	公开事项	有关文件	指导司局
5	教学质量信息（9 项）	(27) 本科生占全日制在校生总数的比例、教师数量及结构	《国家中长期教育改革和发展规划纲要（2010—2020 年）》 《教育部办公厅关于普通高等学校编制发布 2012 年〈本科教学质量报告〉的通知》（教高厅函〔2013〕33 号）	高教司
		(28) 专业设置、当年新增专业、停招专业名单		
		(29) 全校开设课程总门数、实践教学学分占总学分比例、选修课学分占总学分比例		
		(30) 主讲本科课程的教授占教授总数的比例、教授授本科课程占课程总门次数的比例		
		(31) 促进毕业生就业的政策措施和指导服务	《高等学校信息公开办法》（教育部令第 29 号） 《教育部办公厅关于编制发布高校毕业生就业质量年度报告的通知》（教学厅函〔2013〕25 号）	学生司
		(32) 毕业生的规模、结构、就业率、就业流向		
		(33) 高校毕业生就业质量年度报告		
		(34) 艺术教育发展年度报告	《学校艺术教育工作规程》（教育部令 13 号） 《教育部关于推进学校艺术教育发展的若干意见》（教体艺〔2014〕1 号）	体卫艺司
		(35) 本科教学质量报告	《教育部办公厅关于普通高等学校编制发布 2012 年〈本科教学质量报告〉的通知》（教高厅函〔2013〕33 号）	高教司

续表

序号	类　别	公开事项	有关文件	指导司局
6	学生管理服务信息（4 项）	（36）学籍管理办法	《高等学校信息公开办法》（教育部令第 29 号）	学生司 财务司
		（37）学生奖学金、助学金、学费减免、助学贷款、勤工俭学的申请与管理规定		
		（38）学生奖励处罚办法	《普通高等学校学生管理规定》（教育部令第 21 号）	
		（39）学生申诉办法	《高等学校信息公开办法》（教育部令第 29 号）	
7	学风建设信息（3 项）	（40）学风建设机构	《教育部关于切实加强和改进高等学校学风建设的实施意见》（教技〔2011〕1 号）	社科司 科技司
		（41）学术规范制度		
		（42）学术不端行为查处机制		
8	学位、学科信息（4 项）	（43）授予博士、硕士、学士学位的基本要求	《高等学校信息公开办法》（教育部令第 29 号） 《关于进一步加强在职人员攻读硕士专业学位和授予同等学力人员硕士、博士学位管理工作的意见》（学位〔2013〕36 号） 《关于开展增列硕士专业学位授权点审核工作的通知》（学位〔2013〕37 号） 《关于委托部分学位授予单位自行审核博士学位授权一级学科点和硕士学位授权一级学科点的通知》（学位〔2010〕18 号） 《关于发布〈国务院学位委员会关于授予具有研究生毕业同等学力人员硕士、博士学位的规定〉的通知》（学位〔1998〕54 号） 《关于启用“全国同等学力人员申请硕士学位管理工作信息平台”的通知》（学位办〔2011〕70 号）	研究生司
		（44）拟授予硕士、博士学位同等学力人员资格审查和学力水平认定		
		（45）新增硕士、博士学位授权学科或专业学位授权点审核办法		
		（46）拟新增学位授权学科或专业学位授权点的申报及论证材料		

续表

序号	类　别	公开事项	有关文件	指导司局
9	对外交流与合作信息 （2 项）	（47）中外合作办学情况	《高等学校接受外国留学生管理规定》（教育部令第 9 号） 《教育部关于进一步加强高等学校中外合作办学质量保障工作的意见》（教外办学〔2013〕91 号）	国际司
		（48）来华留学生管理相关规定		
10	其他 （2 项）	（49）巡视组反馈意见，落实反馈意见整改情况	《中共中央关于印发〈中国共产党巡视工作条例（试行）〉的通知》（中发〔2009〕7 号） 《中共教育部党组关于进一步加强和改进巡视工作的意见》（教党〔2013〕3 号）	巡视办
		（50）自然灾害等突发事件的应急处理预案、预警信息和处置情况，涉及学校的重大事件的调查和处理情况	《高等学校信息公开办法》（教育部令第 29 号）	办公厅

教育部办公厅
关于进一步落实高校信息公开清单
做好高校信息公开年度报告工作的通知

（教办厅函〔2015〕48号）

各省、自治区、直辖市教育厅（教委），各计划单列市教育局，新疆生产建设兵团教育局，有关部门（单位）教育司（局），部属各高等学校：

为深入贯彻《政府信息公开条例》和《高等学校信息公开办法》精神，进一步落实《教育部关于公布〈高等学校信息公开事项清单〉的通知》（教办函〔2014〕23号，以下简称清单），做好高校信息公开年度报告编制和发布等工作，推动高校信息公开工作的常态化、规范化、制度化，提高教育透明度，现将有关要求通知如下：

一、各高校要坚持“以公开为常态、不公开为例外”的原则，按照清单要求对照检查各事项公开情况，确保全面、及时、准确地公开清单所列每项信息。同时，加强信息发布、解读和回应工作，充分运用图片、图表、视频等解读方式，切实增强公开实效。

二、各高校要进一步细化主动公开范围和公开目录，做好动态更新，特别要加大招生、财务等重点领域信息公开力度，主动接受外部监督。招生信息公开方面，重点做好录取程序、咨询及申诉渠道、重大事件违规处理结果、录取新生复查结果、考试加分考生资格公示等信息公开工作，及时公开高校自主招生办法、考核程序和录取结果。财务信息公开方面，定期主动公开财务预决算信息，加快实施“阳光财务”，依法依规做好财务信息依申请公开工作。

三、各高校要将编制和公布年度报告作为落实《清单》的重要内容和推动信息公开工作的重要抓手，认真开展总结和相关数据统计分析，及时做好年度报告的编制和公布工作。年度报告应包括下列内容：

（一）概述（主要反映本学年度学校信息公开工作开展的总体情况，包括推动清单落实情况、完善制度机制情况、开展宣教培训情况等）；

（二）主动公开情况（主要反映通过学校网站、校报校刊、新闻发布会、微博、微信等形式主动向校内和社会公开信息的情况及相关统计数据，其中通过信息公开专栏公开清单所列事项的情况要逐项说明并附相关链接，高校招生、财务等人民群众广泛关注的重点领域信息要详细说明公开情况和特色做法）；

（三）依申请公开和不予公开情况（主要反映学校受理信息公开申请的数量、分类及答复情况，依申请公开的收费、减免情况）；

（四）对信息公开的评议情况（主要反映本校师生员工和社会公众对学校信息公开工作进行的评价情况）；

（五）因学校信息公开工作受到举报的情况；

（六）信息公开工作的主要经验、问题和改进措施；

（七）其他需要报告的事项。

四、年度报告的编制应注重内容的丰富性和条理性，数据资料的真实性和完整性，确保信息真实及时，并采用丰富多样的形式，方便公众阅读和获取。报告中统计数据的起止时间为上一年 9 月 1 日至当年 8 月 31 日。

五、年度报告应于 10 月 31 日前在学校网站首页信息公开专栏向社会公布。部属各高校需将报告纸质版（加盖学校公章）和电子版报送教育部备案。其他高校需报学校所在地省级教育行政部门和主管部门备案。教育部将在部门户网站开设专栏汇总展示部属高校年度报告，并适时组织相关督查。

六、各省级教育行政部门负责组织本地高校信息公开年度报告编制和发布工作，对各高校信息公开工作开展督查，并于11月30日前将上一学年本地高校信息公开工作总体情况报送教育部备案。

2015年10月14日